SASCHA WUSSOW

Das Sisi-Kochbuch

SASCHA WUSSOW

Das Sisi-Kochbuch

Kaiserliche Köstlichkeiten

Weltbild

Genehmigte Lizenzausgabe für Verlagsgruppe Weltbild GmbH,
Steinerne Furt, 86167 Augsburg

Redaktion: MundArt, Annemarie Habarta
Koordination: Petrus P. Habarta
Umschlaggestaltung: Studio Höpfner-Thoma, Gräfelfing
Umschlagmotive: Artothek, Weilheim; Stockfood, München (vorne);
Foodcentrale, Hamburg (hinten)
Die Abbildungen im Innenteil stammen aus dem Kochbuch von
Julius Rottenhöfer, 1866, sowie dem Archiv der Autoren.
Typografie, Satz: Michael Karner, www.typografie.co.at
Gesamtherstellung: Bagel Roto-Offset GmbH & Co. KG,
Schleinitz

Printed in the EU

ISBN 978-3-8289-1268-7

2010 2009 2008 2007
Die letzte Jahreszahl gibt die aktuelle Lizenzausgabe an.

Inhalt

Die Wahrheit

liegt im Märchen selbst …

Sascha Wussow: Notwendige Einbegleitung

Ich bin mit den beiden kaiserlichen Hoheiten Sisi und dem Kaiser aufgewachsen.

Meine Mutter – die Schauspielerin Ida Krottendorf – hatte keine Fotos von sich oder ihrem Mann in ihren großen Rollen am Burgtheater oder beim Salzburger Jedermann zu Hause hängen. Aber es gab so etwas wie einen Herrgottswinkel mit Kaiserbildern, Nippes und habsburgischem Krimskram in unserem Wohnzimmer.

Wann immer sie bei ihren Streifzügen über Flohmärkte und durch Antiquitätenläden etwas Kaiserliches fand, musste sie es mitnehmen: Erinnerungsmedaillen, Lithographien, Postkarten, Porzellanbüsten oder auch nur ein Gotterhalte-Kaffeehäferl. Diese waren mein täglicher Umgang.

Dazu muss gesagt werden, dass meine Mutter keineswegs monarchistisch eingestellt war. Es war vielmehr die Theatralik der Zeit und ihrer Repräsentanten, eben des Alten Kaisers und der ewig jugendlich schönen Sisi, die so anziehend wirkten.

Und wer wie ich als Kind nach der Schule seine Suppe im Angesicht der höchsten Herrschaften löffelt, für den ist die Gedankenverbindung von Sisi und Kochen ganz natürlich.

Sisi – Das bayerische Bauernmädel

»Die Néné (die Schwester Sisis) hat es gut,
denn sie hat schon viele Menschen gesehen, aber ich nicht.
Mir ist so bang, dass ich gar nicht essen kann.«
(SISI ZU IHRER KAMMERFRAU AM 16. 8. 1853)

Herzog Max in Bayern, der Vater Elisabeths, war eine höchst kuriose Gestalt. Er hatte sich in seinem Palais an der Ludwigstraße in München ein »Tanzcafé« eingerichtet, wo er neben Pantomimen, Grotesk-Clowns und Feuerschluckern selbst Reiterkunststücke vorführte. Er war bekannt für sein Zitherspiel, mit dem er sich auch bei einer Ägyptenreise vor den Cheopspyramiden produzierte. Er hatte eine reichlich große Familie mit acht ehelichen Kindern. Nur mittags, da verließ er sein Weib – die bayerische Königstochter Ludovika – und die Kinder, und zog sich allein zum Mittagsmahl zurück: mit seinen beiden unehelichen Töchtern.

Herzog Max war ein gebildeter, weit gereister, liberaler Politiker. Er lebte in einem Kreis bürgerlicher Künstler und Gelehrter, in dem viel getrunken, gedichtet und gesungen wurde.

Seine Tochter, die Wittelsbacherprinzessin Elisabeth, geboren am Heiligen Abend des Jahres 1837, wuchs hier im Schloss Possenhofen in Bayern auf. Mit ihren Geschwistern Gackel (Karl Theodor), Spatz (Mathilde Ludovica), Mapperl

(Max Emanuel) und Nené (Helene) abseits von der höfischen Öffentlichkeit, frei von allen Konventionen und Zwängen »*ganz verbauert*«, wie es ihre Schwester nannte.

Hier kam es zur ersten Begegnung der Sechzehnjährigen mit dem jungen Kaiser Franz Joseph. Der sollte vorher mindestens drei Mal auf Wunsch seiner Mutter aus dynastischen Gründen eine andere heiraten und verliebte sich in die Schwester der als Vierte vorgesehenen Helene.

Und was aß man in Bayern? Sehr gegensätzlich zur Wiener Hoftafel: bürgerlich, mit einem leichten Anflug von herzoglichem Wohlstand.

Man darf nicht übersehen: Bei aller Idylle, die durch die Sissi-Filme verbreitet wurde, war es eine Zeit der Kriege und der Hungerrevolten. Überall in Europa gab es *Brod-Cravalle, Kartoffelunruhen, Theuerungs-Unruhen, Markttumulte* und *Bierschlachten* wegen des Mangels an Nahrungsmitteln oder deren massiver Verteuerung.

Also gab es auch keinen höfischen, ja nicht einmal herzoglichen Prunk. Schon König Max I. Joseph von Bayern (1756–1825) ließ es sich nicht nehmen, in einfachen Bierwirtschaften einzukehren und volkstümlich eine Brotzeit zu speisen. Es gibt da ein schönes Gemälde von Lorenzo Quaglio, das den König mit seinen Töchtern bei einer Jause am Tegernsee zeigt.

Die Brotzeit

In Bayern gibt es Brot und Semmeln, aber keine Brötchen wie in Norddeutschland. Der Grund dafür ist, dass in Bayern schon sehr früh Weizen angebaut und weißes Brot gebacken wurde. Im Lateinischen wurde dafür das Wort für Weizen, *simula*, verwendet. Die Umgangssprache machte dann daraus Semmel.

Und weil die Norddeutschen erst sehr spät vom dunklen Brot aus Hafer und Roggen zum Weizen kamen, so nannten sie die kleinen weißen Brote eben nur Brötchen.

Dafür heißt eine Zwischenmalzeit in München Brotzeit, auch wenn es Semmeln oder Brezen dazu gibt.

Ein Brotzeitteller ist eine Aufschnittplatte, die in ihrer Zusammenstellung einen schönen Querschnitt bietet.

Da ist der weiße und der rote Presssack – eine Art von Sulzwurst mit oder ohne Blutwurst. Ein Stück grobe Leberwurst, eine Scheibe vom Leberkäs und etwas aufgeschnittener, kalter Schweinsbraten. Als pikanter Akzent dazu ein Obatzda. Dazu isst man eine Brezen oder ein Stück Schwarzbrot.

Obatzda

Ein Brotaufstrich, der eine gute Unterlage für eine Maß Bier ist und dem Brotzeitteller die entsprechende Würze gibt, ist ein abgetriebener (= obatzda) Weichkäse.

2 Ecken oder einen halben Laib Camembert (250 g), 125 g Butter, 1/8 l Weißbier, 1 Eigelb, 1 TL Kümmel, 1 TL Paprika edelsüß (oder mehr), ½ Bund Schnittlauch

Den Camembert und die Butter mit der Gabel zerdrücken. Aber man soll spüren, dass es ein langsam gereifter Weißkäse war, bevor er zum Obatzdn veredelt wurde. Also nicht zu einer cremigen Paste vermengen. Das Paprikapulver im Bier verrühren und mit den anderen Zutaten gut vermischen. Je reifer der Käse ist, umso würziger wird der Obatzde. Mit Schnittlauch bestreuen.

In manchen Rezepten wird noch eine kleine, fein geschnittene Zwiebel dazugegeben. Das hat aber den Nachteil, dass sie Wasser zieht und der Obatzde manchmal auch bitter wird.

Bratforelle in Zwiebelsud

Was anderswo der Brathering, das ist in Bayern diese Form der kalten Bratforelle als Brotzeit.

Filets von 4 Forellen, Zitronensaft, Salz, Mehl, Öl

Für den Zwiebelsud: *4 rote Zwiebeln, Öl, Wacholderbeeren, 1 TL Senfkörner, Lorbeerblätter, ¼ l Weißwein, Essig, Salz, Zucker*

Die Forellenfilets mit dem Zitronensaft beträufeln, salzen, in Mehl wälzen und im heißen Öl ca. 5 Minuten braten.

Die Zwiebeln in Ringe schneiden und im heißen Öl leicht weich dünsten, den Wein und die Gewürze hinzufügen, aufkochen und mit Essig abschmecken. Den heißen Zwiebelsud über die gebackenen Forellenfilets gießen und mindestens einen Tag durchziehen lassen.

Zu den kalten Bratforellen gibt es als Beilage heiße Bratkartoffeln.

Die bayerischen Sisi-Menüs

Bier war eines der Lieblingsgetränke der Kaiserin – neben Kräutertee und Bitterwässern. Wenn sie sich heimatlich fühlte, dann bayerisch.

Wann immer die Kaiserin in späteren Jahren nach München kam, besuchte sie inkognito *»sich fein bürgerlich benehmend«* mit ihrer Hofdame das Hofbräuhaus, um eine Maß Bier zu trinken.

Im Gasthof »Zum Wilden Mann« in Passau sind die *»Speiszettel«* für die Menüs erhalten geblieben, die für die Kaiserin Elisabeth und ihre Begleitung zubereitet wurden.

Das waren die Speisen, die man als typisch bayerisch bezeichnen kann, etwas höfisch aufgeputzt. Da wurde die Modesprache der Hofköche in sympathischer Art zu einer bayerischen Schreibweise verwurstet: Die *Minister-Sup* (Minestrone = italienische Gemüsesuppe), *Schüh* (Jus = Fleischextrakt) *Holandessoß* (Sauce hollandaise), *Bürosuppe* (Püree-Suppe), das *Fille* (Filet), das *Rossbeef* (Roastbeef), *Schambilio* (Champignon). Es gibt das *Deschine* (Déjeuner = das Frühstück), die *Rehnesuppe* (à la reine = Königinsuppe), das *Biflamott* oder *Peflamod*

(Boeuf à la mode = Rinderschmorbraten). *Fasch* (Farce), *Haschi* (hachée = Haschee, Feingehacktes), *Wirschi* (Wirsing), den *Fanili Schodo* oder *Schaado* (Vanille Chaudeau = Zabajone, Weinschaum), *Oraschen* (Orangen) und den *Plamenser* (blanc manger = Mandelsulz).

Menu Diner am 11t Septbr 15 Gedeck
nach dem Niederleuthnerschen Kochbuch
für Ihre Mayestät Kaiserin Elisabeth von Österreich,
die Frau Herzogin Max von Bayern und die Königin Marie
von Neapel (die Mutter und Schwester von Sisi).

Rebhuhn oder falsche Schildkröt Sup
Gesulzte Forellen mit Krebsen geziert
Rindfleisch mit Soß und Kaltem
(Anm.: hier ist Heringssalat gemeint)
grünen Zuckererbsen mit Netzrollen
Hühner mit Schambilio im Reiskrantz mit Krebssoß
Fasan mit Salat
Oraschen Auflauf
Zwetschgen Kuchen
Kompot
Deser
Eis mit Hippen geziert

Beim »Diner am 10t Sbr mit 17 Gedeck« gab es *Eisfigur Tauben.*

Die *»Falsche Schildkröten-Suppe«*, ist das, was auch heute noch gelegentlich als *»Mock-Turtle-Suppe«* auf Speisekarten steht. In den letzten 30 bis 40 Jahren muss kein Jahrhunderte altes Panzertier mehr als Suppeneinlage enden. Und auch zu Sisis Zeit zog man den Geschmack der Exotik vor.

Falsche Schildkröten-Suppe – Potage fausse tortue à la Française

2 kg Rindsknochen, 1 kg Rindfleisch, ½ kg Kalbshaxe, 2 Kalbsfüße, in 2 Teile gespalten, gebrüht und abgespült, 1 geputzter Kalbskopf, Wurzelwerk, 1 Zwiebel, Pfefferkörner, Salz, Lorbeerblatt, Thymian, Basilikum, Koriander, Majoran, 2 Eier, Champignons, Butter, 1/8 l Madeira

Die Rindsknochen und das Fleisch mit dem geschnittenen Wurzelwerk, der halbierten und kurz an der Schnittseite angerösteten Zwiebel, Pfefferkörnern, etwas Salz, dem Lorbeerblatt, Thymian, Basilikum, Koriander und Majoran anrösten. Mit 3 l kaltem Wasser aufgießen und 3 Stunden langsam kochen.

Den Kalbskopf in der Knochensuppe ca. 1 Stunde weich kochen. Die Suppe abseihen und das Fleisch vom Kalbskopf in kleine Würfel schneiden.

Das hart gekochte Eigelb von 2 Eiern mit etwas Mehl verkneten, kleine Kügelchen formen und in Salzwasser kurz überbrühen, abseihen und kalt abspülen. Champignons würfelig schneiden, in Butter anschwitzen und mit 1/8 l Madeira aufgießen. Zusammen mit den Eierkügelchen und den Kalbskopfwürfeln in die Suppentassen geben und mit der klaren Suppe aufgießen.

Das Kochbuch des *Ersten Mundkochs* Rottenhöfer erschien in unzähligen Ausgaben und gehörte zur Aussteuer jeder Braut. Auch wenn das Nachkochen der Rezepte wahrscheinlich die Frauen am heimischen Herd überforderte, so war es Basismaterial in vielen Küchen.

Auch die Anna Neureuther hat ihre Speisen für die Menüs der Kaiserin und ihrer Begleitung danach gekocht.

Gesulzte Forellen mit Krebsen geziert – Truites en aspic

Mehrere kleine Forellen, Eier, Kapern und Krebsschwänzchen, Aspik

Möglichst kleine Forellen blau kochen und kalt stellen.

Den Boden einer mindestens 15 cm hohen, ovalen Form etwa ½ cm stark mit Aspik ausgießen. Wenn das Aspik fest geworden ist, mit dem Weißen von hart gekochten Eiern, mit Kapern und Krebsschwänzchen geschmackvoll arrangieren, darüber wieder eine Schicht Aspik geben und wieder erkalten lassen. Die halbe Anzahl der kleinen Forellen in der Form anordnen, mit Aspik übergießen und nach dem Erkalten eine zweite Reihe Forellen einlegen. Mit Aspik auffüllen und erkalten lassen. Vor dem Anrichten die Form kurz unter heißes Wasser halten, damit sich der Inhalt löst und auf eine Platte gestürzt werden kann. Das Ganze erweckt den Eindruck, als ob die Forellen in einem Aquarium schwimmen.

Rottenhöfer empfahl dazu eine Dekoration für die Hoftafel mit einem Aufsatz und Dekorationen aus Stearin-Wachs.

Hühner mit Schambilio im Reiskrantz – Poulets à la poêle aux champignons

2–4 junge Hühner, 3 Zwiebeln, 2 Gelbe Rüben, 1 Stange Lauch, Zitrone, Speck, 1 l Fleischsuppe, 1 Schale Champignons (ca. 250 g)

Die Hühner an der Brustseite mit Zitronensaft einreiben und mit einer Speckscheibe umwickeln.

Zwiebeln, Gelbe Rüben und Lauch fein schneiden, mit dem fein geschnittenen Speck zusammen anrösten. Mit 1 l Fleischbrühe aufgießen und ca. ½ Stunde köcheln lassen. Alles zusammen über die in einer gut schließenden Deckelpfanne eingelegten Hühner passieren und langsam ca. ½ Stunde dünsten.

Die Hühner aus dem Topf nehmen. Sie müssen ganz weißes Fleisch haben und von zartem, angenehmen Geschmack sein.

Die Champignons feinblättrig schneiden und kurz andünsten, mit der Braunen Sauce abmischen.

Serviert wird in einem Ring aus gedämpftem Reis.

Fasan mit Salat

1 Fasan, Salz, Pfeffer, Wacholderbeeren, 2 Scheiben Speck, Butter, Butterschmalz, 1 EL Mehl, 1/8 l Brauner Fond, 50 g Butter, etwas Mehl, 1 Glas Madeira

Den gerupften Fasan auswaschen, abtrocknen, innen und außen mit einer Mischung aus Salz, Pfeffer und zerdrückten Wacholderbeeren einreiben. Die Brust mit den Speckscheiben belegen und mit den Keulen zusammenbinden.

Dann in einer Bratpfanne mit etwas Butterschmalz zuerst auf der einen, dann auf der anderen Brustseite braten und immer wieder mit dem Fond begießen.

Nach etwa 30 Minuten Bratzeit den Speck von der Brust entfernen, den Fasan auf den Rücken legen und das Fleisch einige Minuten im Ofen Farbe annehmen lassen. Auf keinen Fall mit Wasser aufgießen.

Den fertig gebratenen Vogel aus der Pfanne nehmen, das Fett vom Bratensatz abgießen. Butter aufschäumen, mit etwas Mehl stauben, mit dem Braunen Fond aufkochen und mit Madeira abschmecken.

Sisi und die Damen bekamen dazu grünen Salat serviert. Wenn ich mir einen Fasan leiste, dann ist er auch eine Speise neben vielen, aber neben vielen Beilagen. Angerichtet in kleinen Schüsseln, wird der kleinste Fasan zu einem unterhaltsamen, vielfältigen Essen.

Was sonst noch zu Fasan passt

Gebratener Speck: Zusätzlich zum ausgebratenen Speck von der Brust brate ich einige Scheiben Frühstücksspeck scharf und kross an.

Rotkraut: Eine kleine Portion Rotkraut – fertig aus dem Tiefkühlpaket – mit Apfelstücken gedünstet und mit Rotwein abgeschmeckt.

Specklinsen: Linsen aus der Dose mit einer fein geschnittenen Schalotte und Speckwürfeln angeschwitzt und einem Spritzer Essig abgeschmeckt.

Selleriepüree: Ein Püree aus Knollen-Sellerie. Die Knolle in Stücke schneiden mit Wasser knapp bedecken, Salz, etwas Zucker, Butter und Zitronensaft beigeben und weich dünsten. Pürieren.

Glacierte Kastanien: Die Schale der Maroni auf der gewölbten Seite einschneiden und ca. 15 Minuten auf dem Blech, kurz mit Wasser bespritzt, im Backofen braten, bis sich die Schale öffnet. Die Kastanien schälen. In heißer Butter 1 EL Zucker goldgelb schmelzen, mit Wasser aufgießen und die Kastanien darin ca. 30 Minuten weich dünsten. In der fast völlig eingekochten Butter-Zuckerlösung servieren.

Cranberry-Marmelade: Ich ziehe die amerikanischen, großbeerigen Cranberries den ähnlichen kleineren und härteren Preiselbeeren vor. 150g Zucker im Saft einer Orange (ca. 1/8 l) aufkochen, einen Beutel (ca. 300g) Cranberries zugeben und kochen, bis die Beeren platzen. Von einer Orange die Schale in Zesten dazugeben und nochmals kurz aufkochen.

Serviettenknödel: Einige Scheiben Serviettenknödel in Butter knusprig anbraten.

Oraschen Auflauf – Soufflé à l'orange

3 Orangen, 1½ l Obers (Sahne), 210g Mehl, 210g Zucker, 70g Butter, 16 Eier, Staubzucker – das sind die Mengenangaben für 15 Personen, nehmen Sie ein Drittel davon, dann passt es für ein Familien-Sonntagsdessert

Obers (Sahne) aufkochen und die abgeriebene Schale von 3 Orangen zugeben. Mehl und Zucker unterrühren. Das Eigelb von den Eiern zusammen mit der Butter untermischen und von 14 Eiern Schnee schlagen und unter die Masse heben. In eine Auflaufform geben.

Mit Staubzucker bestreuen und langsam im Backofen backen, bis der Auflauf etwa 3 Finger dick über den Rand der Auflaufform aufgegangen und goldbraun ist. Sofort servieren.

Eis

Ein beliebter Abschluss eines großen Essens waren die verschiedensten Eissorten. Und diese wurden oft in prächtige Formen gegossen. Am 11. September wurde *Eis mit Hippen* gereicht, einem Waffelgebäck, das über einen Kochlöffelstiel gerollt wird. Aber am Tag zuvor gab es eine *Eisfigur mit Tauben* nach dem Vorbild aus Rottenhöfers Anweisungen zur Kochkunst.

Täubchen über einem Nest von gesponnenem Zucker

Zwei Tauben-Formen die *»genau nach der Natur gegossen sind«* werden mit Vanille-Gefrornem gefüllt. 12 Taubeneier-Formen werden mit Ananas-Eis gefüllt. Aus 560g Zucker wird Karamell zubereitet, der in Fäden zu einem Nest gesponnen wird. In diesem Nest liegen die Eier aus Ananas-Eis und darauf die Vanille-Eis-Tauben *»nachdem die Augen, der Schnabel und die Füßchen roth bemalt sind.«*

Der Schwesterntausch von Ischl

»Nein, wie süß Sisi ist, sie ist frisch wie eine aufspringende Mandel und welch herrliche Haarkrone umrahmt ihr Gesicht! Was hat sie für liebe sanfte Augen und Lippen wie Erdbeeren.«
(*FRANZ JOSEPH ÜBER SEINE BRAUT ELISABETH*)

Es ging alles ruckzuck und anders als geplant, aber doch zum Nutzen der Monarchie. Es war Krieg rundherum, die Revolutionen von 1848 waren brutal niedergeschlagen worden und der jungen Kaiser regierte absolutistisch. Er war das, was man einen feschen jungen Mann nennt. Aber er war nicht sonderlich beliebt im Volk, sodass ein Attentat am 18. Februar 1853 auf ihn eigentlich nicht überraschend kam. Bei einem Spaziergang wurde Kaiser Franz Joseph I. von dem Schneidergesellen Janos Libényi mit einem Messer angegriffen. Es war dem hohen Kragen der Uniform Franz Josephs zu verdanken, dass das Attentat erfolglos blieb.

Neben einer ungarischen Verschwörungstheorie zum Sturz des österreichischen Regimes wurde inoffiziell auch Eifersucht als Motiv vermutet. Kaiser Franz Joseph I. hatte nach den gängigen Usancen des Hochadels mit einer Bürgerlichen ein Verhältnis angefangen. Franz Joseph hatte dafür einen eigenen Adjutanten, Carl Graf Grünne, der dem Kaiser Mädchen, Damen und Weiber zuführte.

Der Liebhaber einer von diesen lauerte angeblich dem kaiserlichen Rivalen auf und attackierte ihn.

Der Fleischhauer Josef Ettenreich, der an der Verhinderung des Attentats beteiligt war, wurde dafür geadelt und der

Attentäter wurde auf der Simmeringer Haide hingerichtet. Das Spottlied war eher mitleidig mit dem Attentäter:

Auf der Simmeringer Had', hat's an Schneider verwaht
es g'schicht ihm schon recht, warum sticht er so schlecht.

Nach dem Attentat wurde eine Spendenaktion für die angeschlagene Monarchie gestartet, *»zum Dank für die Errettung Seiner Majestät«*. Die Votivkirche in Wien sollte eine Votivgabe, also ein Dankgeschenk, der Völker der Monarchie für die Errettung Franz Josephs werden.

Franz Josephs Mutter sah, dass positive Emotionen die Volksseele beruhigen müssen und wusste, dass nichts in Wien gefühlvoller ist als »a schöne Leich« – die von einem Fleischhauer verhindert worden war – und eine fesche Braut.

Also kam es am 15. August 1853 zum Zusammentreffen mit den Töchtern der bayerischen Wittelsbacher in Bad Ischl. Den jungen Damen war klar, dass sie aus politischen Gründen verheiratet würden. Nix mit Liebe und so, deshalb war ihnen die Lektüre von Liebesgeschichten verboten gewesen, wo es um Herz, Schmerz und Liebesheirat geht.

Als politische Heiratskandidatin, katholisch, verwandt und ebenbürtig, wurde die Tochter Helene präsentiert, die kleine 15-jährige Schwester Sisi war nur so dabei. Franz Joseph aber wollte die Kleine und am 19. August wurde Verlobung gefeiert. Das Verlobungsessen wurde in Hallstatt eingenommen.

Der Mutter Franz Josephs war es gleichgültig: *»Man soll nicht glauben, dass die Individualitäten irgendeine Bedeutung hätten. Sie habe immer gesehen, dass man einen Menschen durch einen anderen ersetzte, ohne dass das den geringsten Unterschied in der Welt machte.«*

Franz Joseph, der Kaiser, war verliebt, Sisi, seine Braut, war eingeschüchtert, verwirrt und überfordert.

»Beim Familiendiner war der Kaiser so stolz, dass Sisi, die neben ihm sitzen durfte, mit sehr gutem Appetit gegessen hat.«
(ERZHERZOGIN SOPHIE ÜBER KAISERS GEBURTSTAGSESSEN AM 18. AUGUST IN BAD ISCHL)

Im Oktober nehmen die beiden am Münchner Hoffest teil, am 24. April 1854 wurde in Wien geheiratet und am 29. April gab es ein Volksfest.

Von nun an ging's bergab. Die Seitenblicke-Gesellschaft am Hof schüchterte die 15-Jährige ein, die gestrenge Schwiegermama hatte das Kommando und der junge Ehemann musste seinen politischen Geschäften als Kaiser nachgehen.

»Die Ehe ist eine widersinnige Einrichtung. Als fünfzehnjähriges Kind wird man verkauft und tut einen Schwur, den man nicht versteht und dann 30 Jahre oder länger bereut und nicht mehr lösen kann.«
(ELISABETH, AUS DEM TAGEBUCH DER JÜNGSTEN TOCHTER MARIE VALERIE IM AUGUST 1889)

Ischl

Ischl – seit 1906 Bad Ischl – wurde etwas Verbindendes zwischen den beiden. Der Kaiser liebte die Jagd, Elisabeth die Natur. Der Kaiser verbrachte 82 Sommer seines Lebens in Ischl. Als Verlobungsgeschenk erhielt das Paar eine kleine Villa für die alljährliche Sommerfrische, die ausgebaut wurde und deren Grundriss dann ein E bildete. E wie Elisabeth. Die Gesamtkosten nach allen Umbauten, Verbesserungen und Erweiterungen beliefen sich auf 174.989 Gulden, was heute ca. 2,1 Millionen Euro wären.*

* Der Gulden wurde grob mit 12 Euro umgerechnet.

Nur Küche gab es längere Zeit keine, und so speiste man bei der Schwiegermutter im Seeauer Haus, in dem heute das Stadtmuseum ist. In der Kaiservilla befand sich auch später keine Küche. Diese war in den weitläufigen Gebäuden der Stallungen weiter unten am Fluss.

Nach und nach wurde vergrößert, so um ein englisches *Cottage,* das Marmorschlössl sowie einen Spiel- und Tee-Pavillon für Elisabeth.

Eine Wasserleitung, vom Gebirge jenseits des Jainzenberges kommend, wurde in die Villa verlegt, es gab Telefon und Telegraf, Elektrizität aus dem hauseigenen Kraftwerk an der Ischl und eine Elektroheizung. Das Schloss Schönbrunn in Wien wurde erst 20 Jahre später mit Elektrizität versorgt.

Die Ischler Villa gehörte zum Privatvermögen des Kaisers, aber Franz Joseph förderte den Monarchietourismus in Ischl und gestattete die Besichtigung der Kaiservilla, einschließlich seiner privaten Appartements, wenn er nicht in der Residenz war.

Andererseits wurden Staatsbesuche nie in der Villa untergebracht.

Für Franz Josef war Ischl *»der Himmel auf Erden«*, wo er sich der Jagd widmete. In Lodenjacke, Lederhose, mit bloßen Knien

und genagelten Schuhen ging er vor der Morgendämmerung mit den Büchsenspannern in die Reviere, meist zur Pirsch auf Gämsen. Die vielen Besuche ausländischer Majestäten in Ischl empfand er als eine lästige Störung seines Jagdvergnügens.

Sisis noch vor dem Frühstück im Geschwindschritt durchgeführte Fußmärsche auf den steilen, 834 m hohen Jainzen waren der Schrecken der Hofdamen. Den Jainzen nannte Sisi ihren »Zauberberg«, wo sie in einer kleinen hölzernen Gipfelhütte las und schrieb, zeichnete und malte. Sie wanderte tagelang durch die Ausseer Berge und das Hochgebirge der Tauern bis auf 3 000 m Höhe und übernachtete in entlegenen Berghütten.

Ischl wurde zum internationalen Nobelkurort. In den Salons und Cafehäusern traf sich die haute volée, die feine Gesellschaft. Im Café Ramsauer oder im Café Attwenger und beim Zauner, einer seit 1832 bestehenden Ischler Konditorei, genoss die Kaiserin ihre geliebten Mehlspeisen. Der k. u. k. Hoflieferant Zauner lieferte auch den Gugelhupf an die Freundin des Kaisers, den Schratt-Gugelhupf (Rezept siehe Seite 62), und hat den Germgugelhupf des Kaisers noch immer erfolgreich im Programm.

Germgugelhupf Franz Joseph

¼ l Milch, 30 g Germ (Hefe), 500 g glattes Weizenmehl, 150 g Butter, 180 g Kristallzucker, 6 Eigelb, 1 Pr. Salz, abgeriebene Schale einer Zitrone, Zimt, Rosinen, Butter für die Form, gehobelte Mandeln

Milch lauwarm anwärmen, darin die Germ (Hefe) auflösen und mit einem Teil des Mehls zu einem weichen Dampfl abmischen. Das restliche Mehl über das Dampfl geben und dieses warm stellen.

Butter mit Kristallzucker schaumig rühren, dann die Eigelb unterrühren. Das fertige Dampfl mit Salz und Zitronenschale zur Butter-Eigelb-Masse geben und das Ganze zu einem etwas weich gehaltenen Teig abmischen. Den Teig so lange schlagen, bis er sich seidig anfühlt und sich vom Kesselrand löst.

Den Germteig zugedeckt 30 Minuten ruhen lassen. Danach auf dem Nudelbrett ca. ½ cm dick im Quadrat ausrollen, gleichmäßig mit Zimt und Rosinen bestreuen. Den Teig zusammenrollen, in die mit Butter ausgestrichene und mit gehobelten Mandeln ausgestreute große Gugelhupfform legen und mit Butter bestreichen. Den Teig in der Gugelhupfform warm stellen und bis knapp unter den Rand aufgehen lassen. Bei 180 Grad etwa 40 Minuten backen.

Angezuckert servieren.

Vom Zauner stammt auch eine andere Konditoren-Legende. Selbst gemacht schmeckt er hervorragend, aber so himmlisch wie das Original wird er halt leider nie.

Zauner-Stollen

240 g Schokolade, 150 g geröstete Haselnüsse, 1 Becher Schlagobers (Sahne), 130 g Pischinger Oblaten oder ähnliche Waffelblätter, Schokoladenglasur

Obers (Sahne) bei geringer Hitze aufkochen und die erweichte Schokolade einrühren. Wenn das Obers aufwallt, vom Herd nehmen und weiter rühren, bis die Masse abgekühlt ist. Die geriebenen Haselnüsse mit den fein zerbröselten Oblaten darunter mischen. Eine Rehrückenform mit Öl auspinseln, die Masse hineingeben und zwei Tage kalt stellen. Stürzen und mit Schokoladenglasur überziehen.

Das Salzkammergut und seine Fische

Die Region des Salzkammerguts grenzt an Bayern und reicht in drei österreichische Bundesländer: Ischl und Gmunden liegen in Oberösterreich, nur 17 Kilometer entfernt ist Bad Aussee in der Steiermark und ums Eck sozusagen Salzburg. Zum Verlobungsessen fuhr man 25 km nach Hallstatt und am Kaisergeburtstag vor der Verlobung machte die ganze Gesellschaft einen Ausflug an den 20km entfernten Wolfgangsee. Dieser Teil des Voralpenlandes ist berühmt für seine Fischküche. Besonders für den Seesaibling mit seinem hellrosa Fleisch, wofür ein spezielles Seeplankton verantwortlich ist.

Den Saibling isst man frisch aus dem See oder über Buchenholz geräuchert.

Geräucherter Saibling auf Rahmgurkensalat

4 geräucherte Saiblingfilets, 1 Salatgurke, Salz, weißer Pfeffer, Kräuter (z.B. Kerbel, Dill, Schnittlauch), ½ Becher Sauerrahm (saure Sahne), Kren (Meerrettich)

Die Gurke in dünne Scheiben hobeln, salzen und ca. 15 Minuten auswässern lassen. Die Kräuter fein schneiden und mit dem Sauerrahm (der sauren Sahne) verrühren. Etwas vom Kren (Meerrettich) in den Rahm mischen. Die abgetropften Gurken mit dem Sauerrahm mischen und pfeffern.

Die Saiblingfilets auf dem Salat anrichten. Kren darüber reißen und mit einem Kräuterstängel dekorieren.

Saibling in steirischem Riesling

2 Saiblinge, Thymianzweige, Petersilie, 2 Lorbeerblätter, Zitrone, Salz, Pfeffer, 30g Butter, 40g Schalotten, 1 Lauch, Stangensellerie, 3–4 Champignons, ¼ l Riesling, 0,1 l Fischfond, Vermouth oder Noilly Prat, Zitronensaft, 50g Butter, 150g Tomatenwürfel, 2 EL Dill, Salz

Die Saiblinge mit Thymian, Petersilie und Lorbeerblättern füllen. Mit dem Zitronensaft säuern, salzen und pfeffern.

Butter in einem großen Topf erhitzen. Schalotten, Lauch und Stangensellerie klein schneiden und andünsten. Die Champignons in Scheiben schneiden und dazugeben. Die Fische auf das Gemüsebett legen und nochmals mit Zitrone beträufeln. Mit dem Riesling und dem Fischfond aufgießen und zugedeckt ca. 15 Minuten bei ganz schwacher Hitze weich dünsten lassen.

Die Saiblinge auf einer Platte anrichten.

Den Sud passieren. Vermouth, Zitronensaft, Butter, Tomatenwürfel und Dill in die Sauce geben, nochmals mit Salz abschmecken und über die Saiblinge geben.

Dazu Petersilkartoffeln.

Menü aus der Schratt-Villa

Jeden frühen Morgen, wenn er nicht auf der Jagd war, ging Franz Josef von der Kaiservilla hinauf zur Villa seiner Freundin Katharina Schratt zum Frühstück mit Gugelhupf.

Heute ist hier das Haubenrestaurant von Günter Gaderbauer, der das folgende Menü zusammengestellt hat.

Ich bin sicher, man isst hier besser und frischer als seinerzeit bei Kaisers, wo das Essen in Warmhaltekisten zur Tafel gebracht wurde.

Tatar von geräucherten Fischen mit Krensauce und kleinem Salat

2 geräucherte Saiblinge à 250g, 130g Sauerrahm, Salz, Pfeffer, Petersilie und Dill, Zitronensaft von 1 Zitrone

Für die Krensauce: *0,1 l Sauerrahm (saure Sahne), Salz, Pfeffer, Zitronensaft, frischer Kren (Meerrettich) nach Geschmack*

Fische filetieren, fein hacken, mit den Gewürzen und Kräutern marinieren und mit Sauerrahm (saurer Sahne) verrühren.

Dazu Blattsalate und eine leichte Kren-(Meerrettich-)sauce. Dafür die Zutaten für die Krensauce verrühren und abschmecken.

Rosa gebratener Rehrücken im Sauerrahmteig auf Holundersauce

400g Rehrückenfilet, zwei Eigelb.

Für die Farce: *100g Rehrücken, 1 Eiweiß, Salz, Pfeffer, Piment, Weinbrand und Portwein, 70g Obers (Sahne)*

Für den Sauerrahmteig: *200g Mehl, 100g Creme fraîche, 1 Eigelb, Salz, Essig, 60g Butter*

Für die Holundersauce: *50g Holunderpüree, 100g Wildjus, 30g Butter, Pfeffer*

Das Fleisch für die Farce mit Gewürzen und Eiweiß marinieren, in der Küchenmaschine ganz fein hacken und in einer Schüssel auf Eis das Obers (die Sahne) unter das pürierte Fleisch mengen. Die Zutaten für den Sauerrahmteig verkneten und vor der Verarbeitung mindestens 30 Minuten ruhen lassen.

Für die Holundersauce den Wildjus aufkochen, das Holunderpüree dazugeben, reduzieren, würzen und mit Butter aufmontieren.

Die Rehrückenfilets würzen, auf jeder Seite kurz und scharf anbraten und auskühlen lassen. Den Sauerrahmteig dünn ausrollen, mit der Farce bestreichen und den Rehrücken einschlagen. Mit Eigelb bestreichen und das Ganze ca. 9 Minuten bei 250 Grad im Backofen backen.

Herausnehmen und 5 Minuten stehen lassen, bevor der Rehrücken, in dickere Tranchen geschnitten, angerichtet wird.

Topfenknöderln auf Erdbeersauce

Für die Knöderln: *30g Butter, 30g Staubzucker, Saft und abgeriebene Schale von je einer ½ Orange und Zitrone, Salz, 2 Eier, 500g Topfen (Quark), 75g Brösel, 30g glattes Mehl*

Für die Erdbeersauce: *300g frische Erdbeeren, 100g Staubzucker*

Für die süßen Bröserln: *100g Semmelbrösel, 50g Butter, 100g Staubzucker, 1 Prise Salz und Vanillezucker*

Für die Topfenknöderln weiche Butter mit Staubzucker schaumig schlagen, Topfen (Quark), Eier, Saft und die Schale von Orange und Zitrone unterrühren, Brösel und Mehl beimengen und abschmecken. Eine Stunde im Kühlschrank ruhen lassen.

Für die süßen Brösel 50g Butter zerlassen, die Semmelbrösel darin hellbraun rösten, den Staubzucker beigeben und noch etwas mitrösten, würzen.

Für die Erdbeersauce die Erdbeeren mit 100g Staubzucker kalt pürieren und passieren.

Aus der Topfenknöderl-Masse golfballgroße Knödel formen und bei 95 Grad 20 Minuten pochieren. Das Wasser darf nicht aufkochen. Herausnehmen und in den süßen Bröseln wälzen. Auf Erdbeersauce anrichten.

Elisabeth und die strenge Etikette

Wie der Pontius ins Credo,
Kam ich ins Familienjoch;
Denn zu fliehen der Familie,
War mein Drang von jeher doch.
(GEDICHT ELISABETHS)

Elisabeth war keine gute Partie, wie man so sagt.

Die »durchlauchtigste Tochter« brachte laut Ehevertrag in die Ehe Heiratsgut im Wert von 50.000 Gulden mit. Der Kaiser musste dafür 100.000 Gulden dagegen aufbringen. Plus einer Morgengabe von 12.000 Golddukaten nach vollzogener Hochzeit für die eingebüßte Jungfernschaft. Dukaten waren kein Zahlungsmittel, aber waren und sind »Handelsgoldmünzen« und kosten zurzeit am Bankschalter je 53 Euro.

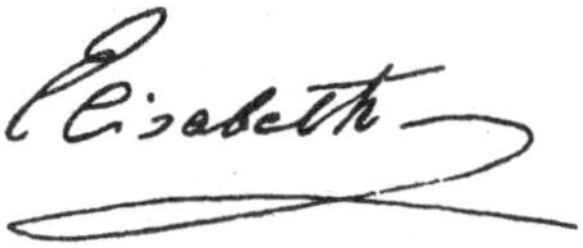

Das Heiratsgut bestand unter anderem aus 4 Ballkleidern, 17 Putzkleidern, 14 Seidenkleidern, 19 Sommerkleidern. Dazu 3 Krinolinen, 4 Korsetts und 3 Reitkorsetts, 144 Hemden, 10 Nachtjäckchen, 24 Nachthalstüchern, 72 Unterröcken und 5 Dutzend »Unaussprechliche«, sprich Unterhosen. Sisi hatte nur 6 Paar Lederstiefel und 113 aus Stoff und 3 Paar Gummigaloschen. Viel zu wenige für eine Kaiserin, die Schuhe nur einmal tragen durfte und dann ans Personal abgeben musste.

Also ließ der Kaiser für 700 Gulden neue Schuhe anfertigen. Das entspricht dem Wert der gesamten Silberausstattung der Braut im Wert von 700 Gulden.

Der Kaiser hatte zwar ein Riesenreich, aber kein Geld. Sein Vorgänger Kaiser Ferdinand hatte ihm zwar den Thron übergeben, aber nicht das Vermögen. Dieses erbte Franz Joseph erst 27 Jahre später.

Aber es blieb genug und niemand musste darben. Wenn man bedenkt, dass ein Leutnant 24 Gulden monatlich bekam, ist Sisis Apanage von 100.000 Gulden jährlich für *»Putz, Kleider, Almosen und kleinere Ausgaben«* nicht zu sparsam bemessen. Alle anderen Bedürfnisse wie Dienerschaft, Pferde, Wäsche, Unterhalt und Hauseinrichtung wurden vom kaiserlichen Haushalt beglichen.

Daneben überhäufte die »heimliche Kaiserin«, die Mutter von Franz Joseph, die Schwiegertochter vor der Hochzeit mit Gold und Juwelen, damit sie einen standesgemäßen Eindruck machte. Das Diadem, das ihr Franz Joseph vor der Hochzeit von Sophie überbrachte, hatte einen Wert von 60.000 Gulden.

Am standesgemäßen Eindruck der 16-Jährigen, daran, ihr beizubringen, wie sich eine Kaiserin zu verhalten hat, arbeitete die Schwiegermutter mit aller Intensität und pädagogischen Brutalität. Elisabeth wurde nicht nur in enge Kleider und schwere Juwelen gezwungen, sondern auch in das Korsett des Hofzeremoniells, das die junge Frau einschüchterte und das sie von tiefem Herzen hasste, wie sie es bei ihrem Vater gelernt hatte.

»Die schöne Phrase vom König oder Kaiser und seinem Volk!
Ich habe ein merkwürdiges Gefühl. Warum soll das Volk,
ich meine das arme, niedrige Volk, uns lieben, uns, die wir
im Überfluss, im Glanz leben, während die anderen bei
schwerer Arbeit kaum das tägliche Brot haben und darben?
Unsere Kinder in Samt und Seide – die ihrigen oft in Lumpen!
Mich erfüllt ein Gruseln beim Anblick des Volkes. Jedem einzelnen

möchte ich helfen, ja, oft möchte ich tauschen mit der ärmsten Frau. Und unsere ›Sippe‹! Die verachte ich mit all dem Firlefanz um uns herum.«

(*ELISABETH AM 7. 7. 1889*)

Die Sisi-Biografin Brigitte Hamann bringt das Leben der Prinzessin vom Land als Kaiserin Elisabeth in Wien auf den Punkt: »Sie fühlte sich gefangen wie in einem goldenen Käfig. Der Schmuck, die schönen Kleider – das alles war ihr nur eine Last. Sie kannte nicht die simpelsten Regeln, die am Wiener Kaiserhof üblich waren.«

Sisi wollte nicht von Zofen angekleidet werden, vor der versammelten Familie die Hochzeitsnacht vollziehen, von Hofbeamten durch die Gänge der Hofburg begleitet werden, sondern mit ihrem Mann, auch wenn er Kaiser war, Händchen haltend herumspazieren. Dazu kam, dass ihr Mann ein Berufspendler war, der morgens vom Schloss Laxenburg, wo das junge Paar zuerst residierte, zur Arbeit in die Hofburg pendelte. *»Ich fühlte mich so verlassen, so einsam ... Ich war den ganzen Tag allein und hatte Angst vor dem Augenblick, da Erzherzogin Sophie* – die Schwiegermutter – *kam. Denn sie kam jeden Tag, um jede Stunde zu spionieren, was ich tue. Alles war schlecht, was ich tat. Sie urteilte abfällig über jeden, den ich liebte.«*

»Ich hab ihn ja sehr lieb. Wenn er doch nur ein Schneider wäre!«

(*SISI ÜBER DEN JUNGEN KAISER FRANZ JOSEPH IN DEN ERINNERUNGEN DER HERZOGIN AMÉLIE*)

Speisen von güldenen Tellern

Die Speisen der Hoftafel wurden nur auf silbernem Geschirr angerichtet. Bei allerhöchsten und höchsten Fürstenbesuchen auf Goldgeschirr. Das Goldgeschirr war Teil der Aussteuer von Marie Antoinette gewesen, die während der Französischen Revolution geköpft worden war. Napoleon benutzte es als Feldgeschirr. Und als er gefangen genommen wurde, kam es wieder nach Österreich. Es war leider nur für 80 Personen ausgelegt, sodass später 100 Teller zusätzlich angeschafft werden mussten. Wahrlich kein Alltagsgeschirr, denn jeder Teller wiegt genau 1 Kilo und kostete 2200 Kronen, was heute rund 8000 Euro entspricht.

Nur die Suppentöpfe waren aus Porzellan.

Wenn alle Gäste versammelt waren, holte der Oberstküchenmeister den Kaiser aus seinem Appartement an die Tafel. Josef Cachée beschreibt das Zeremoniell folgendermaßen: Der Kaiser gab dem Hof-Tafelinspektor ein Zeichen und die Tafeldecker begannen zu servieren. Je vier von ihnen hatten vier Gäste zu bedienen. Der Servierlakai bot die Schüsseln und Platten an, der Weinlakai die Getränke, der Saucenmann reichte den Servierlakaien die Schüsseln und gab die Saucen und das Gemüse aus. Der vierte Lakai wechselte die Teller. Der Kaiser selbst wurde von seinem Leibjäger oder Leibkammerdiener bedient.

Beim Hofdiner gab es eine allgemein gültige Speisenfolge von zehn bis zwölf Gerichten: Suppe – Vorspeisen – Fisch – Rindfleisch – Entrées – Braten mit Salat, feinem Gemüse, Kompott – Mehlspeise – Käse – Eis – Dessert – Schwarzer Kaffee – Likör. Am Schluss des Diners wurden ganz speziell in kostbare vergoldete Dosen oder in Spitzen mit Email-Porträts verpackte Hofbonbonnieren mit Schokoladen an die Gäste verteilt.

Die Menüs der Galadiners, an denen sehr selten auch die Kaiserin teilnahm, waren von geradezu langweiliger und eintöniger Üppigkeit. Beim Vergleich verschiedener Rezepte, die zum Nachkochen für ein heutiges Familien-Galadiner geeignet sind, zeigte sich: Es gab immer Lachs, immer Rindsfilet, immer Lammrücken, wenn nicht Fasan, so Rebhuhn, immer kleine gefüllte Mürbteigschüsselchen, immer Eis, aber in verschiedenen Geschmacksrichtungen, immer Käse und immer Kaffee und Likör.

Hier also ein Galamenü in seiner ganzen Pracht und Herrlichkeit, wie es für den russischen Zaren oder auch den König von Württemberg gereicht wurde.

Huîtres d'Ostende – Austern

Darüber ist ausführlich im Kapitel Diäten (siehe Seite 53 f.) zu lesen.

Potage à la Princesse – Hühnercremesuppe mit Spargel

1 Suppenhuhn, 500 g Kalbsknochen, Wurzelwerk, Salz, Pfeffer, Butter, Mehl, einige Schalotten, Petersilie, 1/8 l Obers (Sahne), 2 Eigelb, weißer Spargel

Das Huhn mit den gehackten Kalbsknochen und dem grob geschnittenen Wurzelwerk in leicht gesalzenem Wasser weich kochen.

Die Spargeln (Rezept Seite 73) kochen. Vom fertig gekochten Huhn die Haut entfernen, das Fleisch von den Knochen lösen und sehr fein faschieren (durch die feinste Scheibe des Fleischwolfs drehen). Aus je ca. 30 g Butter und Mehl, den fein geschnittenen Schalotten und der fein gehackten Petersilie eine leichte Mehlschwitze machen. Die abgeseihte Suppe, Spargelwasser und Hühnerpüree fein vermischen und aufgießen. Ca. 20 Minuten langsam köcheln lassen. Zum Schluss mit dem Obers (der Sahne) und den Eigelb legieren und Spargelspitzen zugeben.

Petites timbales à la d'Orloff – Becherpastetchen

Timbales sind kleine Zwischengerichte oder Entrées.

Die kleinen Blechformen werden mit Mürbteig (siehe Seite 180) dünn ausgeschlagen, mit einem Teigdeckel verschlossen und ganz hell gebacken. Dann mit einem Ragoût in der jeweiligen Variationen füllen, den Teigdeckel darauf legen und heiß servieren.

Das Ragoût à la Orloff ist nach dem russischen Fürsten Nikolai Alexejewitsch Orloff (1820–1885) benannt. Es ist

eine Mischung aus feinblättrigen Champignons, in Butter angeschwitzten Schalotten, mit Champagner abgelöscht und mit Milch aufgegossen, mit Salz, Pfeffer und Muskat gewürzt und glatt gerührt. Mit kleinwürfelig geschnittenem, geschmortem Kalbfleisch vermischen und Trüffel darüber hobeln und in die Pastetchen füllen.

Darnes de saumon, sauce béarnaise – Lachsmittelstück in aufgeschlagener Estragonsauce

Ca. 1 kg Lachsmittelstück, Wasser, Salz, Weißwein, Pfefferkörner, 1 Gewürznelke, Lorbeer, Petersilie

Den Lachs im Ganzen oder in Portionen in einem Sud aus den Zutaten vorsichtig weich kochen. Er soll innen noch glasig sein. Keinen Essig verwenden, da der Lachs dadurch die schöne Farbe verliert.

Dazu die Sauce Béarnaise (Rezept siehe Seite 179) servieren.

Pièce de boeuf et selle d'agneau – Roastbeef und Lammrücken

Für das Roastbeef: 2–3 kg Beiried (Rindslendenstücke) mit der ca. 1 cm dicken Fettschicht (je größer das Fleischstück ist, umso geschmackvoller wird der Braten), Salz, Pfeffer, Senf, Öl, Rindsuppe, Butter

Das Fleisch salzen, pfeffern und mit Senf einreiben und in der Pfanne im heißen Fett rundherum scharf anbraten. Dann den Braten auf einen Bratenrost legen, eine Fettpfanne darunter stellen und im Backofen bei ca. 80 Grad ca. 1 Stunde pro Kilogramm braten.

Den Braten aus dem Ofen nehmen und in Alufolie gewickelt ruhen lassen. Das Bratenfett und den während des Bratens ausgetretenen Saft mit Suppe aufgießen und mit kalter Butter montieren.

Entscheidend dafür, dass der Braten auf den Punkt gegart schön »englisch« rosig wird, ist die alt-englische Tiefgarmethode. Nach dem scharfen Anbraten des großen Fleischstücks schließen sich die Poren und der Fleischsaft zieht sich in das Innere des Bratens zurück. Lässt man das Fleisch dann bei niederer Ofentemperatur garen, zirkuliert der Saft im Fleisch. Eigentlich kann man das Fleisch in den Ofen schieben und dann vergessen, eine Viertelstunde mehr macht auch nichts aus. Aber immer bei konstanten 80 Grad Temperatur halten.

Für den Lammrücken: *2 kg Lammrücken, Salz, Pfeffer, 1 Zweig Rosmarin, Olivenöl*

Die kleinen Filets auslösen und für ein anderes Gericht verwenden. Die Fettschicht belassen, nur das Häutchen abziehen. Den Lammrücken mit dem Knochen im Fett scharf anbraten, den Zweig Rosmarin zugeben und das Fleisch wie das Roastbeef in der Tiefgarmethode zubereiten, so dass das Fleisch innen noch rosig ist.

Filets de perdreaux à la Reine – Rebhuhnfilets Königinart

Das Rebhuhn galt als das »Fürstenwild« und der Spruch »Alle Tage Rebhuhn« war Symbol für außerordentlichen Wohlstand.

4 Rebhühner, Öl, Speckscheiben, Butter, Salz, Pfeffer, Zitrone, Croûtons

Die Rebhühner mit dem Speck umwickeln und in der gefetteten Pfanne im Backofen braten. Mehrmals mit dem Eigensaft begießen. Zum Schluss den Speck entfernen und das Fleisch bräunen lassen. Die Rebhühner zerlegen und das Brustfleisch auf Croûtons legen.

Eine Geflügelrahmsauce (Kalbseinmachsauce), nur mit Geflügelknochen und faschiertem Hühnerfleisch herstellen. Mit

Eigelb binden, mit Zitronensaft, Trüffelbutter und Pfeffer fein abschmecken, über die Rebhuhnbrüstchen geben und mit Trüffelscheiben belegen.

Escalopes de dindes à la Bagration – Truthahnschnitzel mit getrüffelter Sauce

Fürst Peter Iwanowitsch Bagration (1765–1812) nahm 1812 an der Schlacht von Borodino gegen Napoleon teil. Die Verluste waren gigantisch, auf russischer Seite gab es 44.000 Tote und Verwundete, die Franzosen verloren 33.000 Mann und gewannen die Schlacht. Der russische Feldherr gab der Sauce seinen Namen, die Schlacht war das Thema von Tolstois »Krieg und Frieden« und von Tschaikowski und Puschkin.

Zum Rezept: Kleine Schnitzel vom Indian (Truthahn) salzen und pfeffern und rasch in Butterschmalz beidseitig anbraten.

Eine Mayonnaisesauce mit Sardellen würzen und mit Kaviar versetzen. Über die Schnitzel geben und mit Trüffelscheiben belegen.

Homards en bordure d'aspic – Hummer mit Aspik garniert

Pro Person einen Hummer von ca. 950 g (ca. 350 g netto)

Ca. 3–5 Minuten in kochendem Wasser garen. Mit einem großen, spitzen Messer den Hummer in der Mitte aufschneiden. Der schwarze Darm und der Rogen sind genießbar und schmecken sehr gut, können aber je nach Geschmack auch entfernt werden. Lauwarm mit würfelig geschnittenem Madeiragelee (Rezept siehe Seite 161) servieren.

Sorbet – Fruchteis mit Likör

Das Wort *Sherbet* kommt aus dem Türkischen und bedeutet »süßer Kühltrunk«.

Dabei wird aus Zucker und Wasser im Verhältnis 1:1 ein Sirup gekocht. Das Wasser auf kleiner Flamme erhitzen, den Zucker darin verrühren und ca. 3 Minuten kochen lassen. Abkühlen und in einem verschlossenen Behälter kalt stellen. Der Sirup ist lange haltbar.

Bei Bedarf Fruchtpüree oder Fruchtsaft mit Sirup mischen und im Tiefkühler unter oftmaligem Umrühren gefrieren lassen. Oder im Eiswürfelbehälter frieren lassen und im Küchenmixer fein zerkleinern. In Gläser füllen und mit Champagner oder geschmacklich passenden Likören auffüllen.

Faisans rôtis, salade, compote – Gebratener Fasan, Salat, Kompott

Nach dem Rezept auf Seite 16f. zubereiten.

Asperges en branches – Spargel in Bündeln

Nach dem Rezept auf Seite 73 zubereiten.

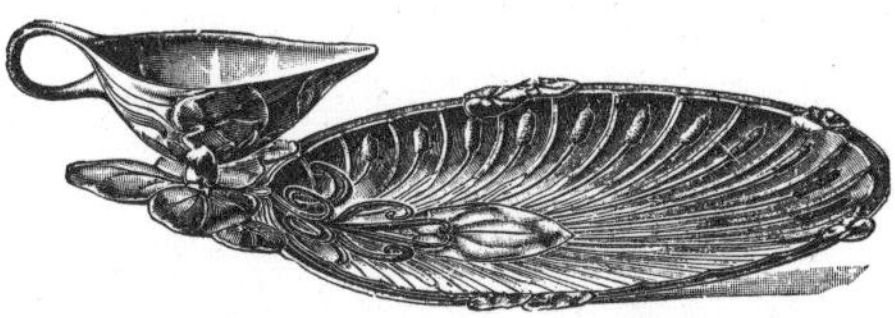

Croûte aux ananas à la française – Ananas-Weißbrotkrusten

Weißbrot in ca. 3 cm dicke Scheiben schneiden und in Butter in der Pfanne backen. Etwas aushöhlen und mit Ananaswürfeln, die etwas in Maraschino oder Kirschwasser mariniert sind, auffüllen.

Bombe au chocolat – Schokoladen-Eisbombe

500g Schokoladen-Eis, 500 Vanille-Eis, 350g Frucht-Parfait, Baisers

Eine halbkugelförmige Tortenform in den Tiefkühlschrank stellen. Das Schokoladeneis cremig weich werden lassen.

Die Innenseite der Schüssel 2–3 cm dick mit dem Schokoladeneis überziehen und sofort wieder ins Tiefkühlfach stellen.

Nach ca. einer halben Stunde das cremig weich gewordene Vanilleeis mit zerbröselten Baisers vermischen und davon eine 2–3 cm dicke Schicht auf die Schokolade auftragen. Sofort wieder für dreißig Minuten in den Tiefkühler stellen.

Das Fruchtparfait als Kern in den verbliebenen Hohlraum füllen und glatt streichen.

Die Eisbombe mindestens drei Stunden im Tiefkühler stehen lassen. Zum Stürzen die Schüssel für 10–20 Sekunden in warmes Wasser stellen, damit sich die Eisbombe aus der Form löst.

Es war eine der seltsamsten Hygienemaßnahmen, nach dem Essen den Mund auszuspülen. Und zwar nicht still, allein und in der Abgeschiedenheit eines Badezimmers. Es war ein gemeinschaftliches Gurgeln und Spucken. Noch gegen Ende der Monarchie wurden für eine Tafel von 150 Gedecken Becher und Spuckschüsseln angefertigt.

»Ich bin übrigens bei großen Diners entschieden gegen die Rince-Bouches, da nicht Jeder dieses Geschäft mit Anstand bewältigt und der Lärm, welchen es z. B. bei 25 bis 30 Personen veranlasst, sehr unangenehm, ja widerlich, ist… Wenn man auch das Wasser mit den lieblichsten Essenzen geschwängert in den schönsten Kristallgefäßen mit der feinsten Serviette reicht – der Effekt, das allgemeine Gegurgel, bleibt schauerlich, und die verschiedenen, nicht immer eleganten Manieren einer großen Gesellschaft, die in Reih und Glied einander zugekehrt bleibt, bilden den traurigen Schluss eines lukullischen, mit aller Opulenz hergerichteten, eben beendeten Diners …

(MALORTI 1888)

Elisabeth – im Wald und auf den Wiesen

»Es war eine sehr schöne Jagd, der Fuchs lief vor uns,
die Hunde nach, Holmes, Pista und ich waren immer voraus,
brauchten daher nicht so zu jagen und konnten mit Muße
die sehr zahlreichen Gräben überspringen.
Hinter uns stürzten: Elemér Batthyány, Pferd am Platz tot,
Sárolta Auersperg, die über ihn fiel, geschah beiden nichts,
einer unserer Reitknechte mit Klepperschimmel, nichts geschehen.
Vor dem Run stürzten Béla Keglevich und Viktor Zichy,
letzterer stehend. Der alte Béla Wenckheim war entzückt,
er sagte, das gehöre zu einer schönen Jagd.«

(BRIEF ELISABETHS AN KAISER FRANZ JOSEPH VOM 22. 11. 1872)

Der Kaiser und die Kaiserin waren richtige Waldmenschen. Sie hatten Kutschen, Yachten und die Eisenbahn, aber Sisi musste Bicycle-Fahren und wilde Stuten reiten. Und beide hirschten und pirschten durch den Wald, wenn auch auf getrennten Pfaden.

Sie hatten Hofjäger, Oberstküchenmeister und Hoftafelinspektoren. Aber der Kaiser schoss auf seinen Jagdgütern in Mürzsteg, Radmer, Eisenerz, Ischl und in Gödöllö sein Wildpret selbst: Auerhahn, Hirsch und Gämse.

Kaiser Karl der Große hatte das Wild per Gesetz in Hoch- und Niederwild eingeteilt, nur Hohe Herrschaften durften Hirsch, Wildschwein, Adler, Gämse, Bär, Luchs und Reh jagen.

Kaiser Franz Joseph soll in seinem Leben an die 120.000 Stück Wild geschossen haben. Thronfolger Erzherzog Franz Ferdinand war da bedeutend erfolgreicher oder auch nur schießwütiger. Er konnte in den 51 Jahren bis zu dem Schuss in Sarajewo, der ihn traf, eine Jagdstrecke von 274.899 Stück vorweisen. Seine Jahresbestleistung erzielte er mit 19 Jahren, da waren es 18.799 Stück. Die höchsten Tagesleistungen bestanden in der Regel aus Hasen, Fasanen und Rebhühnern, sein Tagesrekord am 17. 6. 1908 waren 2.763 Lachmöwen.

Und die waren offensichtlich nicht für den Kochtopf bestimmt, wenn auch alles, was fliegen kann, von den Hof- und Mundköchen verbraten und verkocht wurde. Rottenhöfer nennt in seiner Kochkunst 1866: Auerhahn, Birkhahn, Haselhuhn, Schneehuhn, Fasan, Rebhuhn, Feldhuhn, Sumpf- und Waldschnepfe, Krammetsvogel oder Wacholderdrossel, Wachtel, Lerche, Ortolan, Taube, Wildente.

Wildrezepte

Gespickte Hirschkeule

1–1½ kg Hirschkeule, 100 g Räucherspeck, Salz, 1 Karotte, 1 Petersilienwurzel, 1 kleine Zwiebel, 80 g Fett, 1 Knoblauchzehe, 6–8 Pfefferkörner, 1 TL Kapern, 2 Lorbeerblätter, 3 EL Mehl, 200 ml trockener Weißwein, 1 EL Zucker, Saft von 1 Zitrone

Die Keule von den Sehnen befreien und den Speck in Streifen schneiden. Das Fleisch gründlich spicken und salzen. Die Karotte und Petersilienwurzel putzen und in Scheiben schneiden, die Zwiebel klein schneiden.

In einem Bräter das Fett erhitzen und das Fleisch darin von allen Seiten rasch anbraten. Das Wurzelgemüse, die Zwiebel, den zerdrückten Knoblauch, Pfefferkörner, Kapern und Lorbeer dazugeben. Die Gemüse anrösten, dann mit etwas Wasser aufgießen und das Fleisch zugedeckt schmoren.

Die Keule herausnehmen und warm stellen.

Für die Sauce den im Topf verbliebenen Bratensaft mit dem Gemüse einkochen. Mit etwas Mehl stauben und anschwitzen. Mit dem Weißwein und der gleichen Menge Wasser loskochen.

Zuletzt die Sauce durch ein Sieb gießen und mit Zucker und Zitronensaft abschmecken. Das Fleisch in Scheiben schneiden und die Sauce darübergießen. Mit Kartoffelkroketten reichen.

Hirschkalbsteaks mit Steinpilzsauce

½ kg Hirschkalbsteaks, Salz, Pfeffer, 30 g getrocknete Steinpilze, Butterschmalz, 1 kleine Zwiebel, 1 Knoblauchzehe, Petersilie, 0,1 l Rotwein, Mehl, 0,1 l Obers (Sahne), Öl

Die Hirschkalbsteaks in ca. 2 cm dicke Scheiben schneiden, mit Salz und Pfeffer würzen.

Die getrockneten Steinpilze in ca. ¼ l Wasser einweichen. Die Pilze nach etwa zwei Stunden gut abtropfen lassen, das Einweichwasser beiseite stellen.

In einer Pfanne Butterschmalz erhitzen. Die Zwiebel und den Knoblauch fein hacken, ca. 1 EL fein gehackte Petersilie und die abgetropften Pilze hineingeben und ca. 3 Minuten andünsten. Mit dem Rotwein ablöschen und einmal aufkochen.

In dem Einweichwasser der Pilze 1 EL Mehl glatt rühren und dazugießen. Die Pfanne vom Herd ziehen und das Schlagobers (die Schlagsahne) unterrühren. Jetzt nicht mehr kochen lassen, nur warm stellen.

In einer Pfanne etwas Öl erhitzen und darin die Steaks beidseitig kurz scharf anbraten. Dann die Hitze zurücknehmen und das Fleisch unter mehrmaligem Wenden ca. 5 Minuten braten. Das Fleisch soll am Ende innen noch rosa sein. Auf einer vorgewärmten Platte mit der Sauce übergießen.

Dazu Nockerln oder auch Nudeln servieren.

Hirschmedaillons mit Rotweinbirne

½ kg Hirschmedaillons, Salz, Pfeffer, Räucherspeck, ¼ l Rotwein, Zimt, 2 feste Birnen, Zimtstange, Öl, Preiselbeeren, Butter

Die ca. 3 cm dicken Hirschmedaillons salzen und pfeffern und den Rand mit dünnen Speckscheiben umwickeln. Mit Küchengarn binden oder mit Zahnstochern feststecken.

Den Rotwein mit der Zimtstange in einem Topf aufkochen. Die Birnen schälen, halbieren, entkernen und ca. 5 Minuten zugedeckt dünsten. Die Birnenhälften aus dem Sud herausnehmen und mit Preiselbeeren füllen.

In einer Pfanne Öl erhitzen und die Medaillons von jeder Seite 3–4 Minuten scharf anbraten. Das Fleisch herausnehmen und den Bratenfond mit ca. ⅛ l des Rotwein-Birnensuds loskochen. Mit kalter Butter aufmontieren.

Dazu passen Kroketten.

Hirschkarree mit Lebkuchensauce und Kletzenknödel

ca. 2 kg Hirschrücken, Wildgewürze, Wildfond, ¼ l Bouillon, 1 Orange, Preiselbeeren, Lebkuchen (oder Lebkuchengewürz), Butter

Den Hirschrücken in ca. 10 Koteletts schneiden, mit Wildgewürz würzen und auf beiden Seiten anbraten, auf ein Blech legen und im Backofen rosa braten.

Den Bratenansatz mit der Bouillon ablöschen. Wildfond, Orangenzesten, Preiselbeeren und fein geriebenen Lebkuchen (oder Lebkuchengewürz) dazugeben und etwas einkochen lassen, durch ein Sieb passieren, mit kalter Butter montieren und abschmecken.

Dazu kleine Bratäpfel mit Rotkraut und Kletzenknödel (siehe Rezepte unten) servieren.

Kletzenknödel

200 g Kletzen (getrocknete Birnen), 250 g Grieß, ¾ l Milch, 5 Eier, 200 g Butter, 5 Semmeln

Für die Kletzenknödel die Trockenfrüchte am Tag vorher in etwas Wasser einweichen. Grieß in Milch einkochen, auskühlen lassen. Die Semmeln würfelig schneiden und in Butter kurz anrösten. Alles zusammen mischen und die Eier beifügen. Die eingeweichten, in kleine Würfel geschnittene Kletzen beimengen. Wie Serviettenknödel zusammenbinden und ca. 25 Minuten kochen.

Bratäpfel mit Rotkraut

Rotkraut, 7 Äpfel, Preiselbeeren, ein Spritzer Rotwein

Für die Bratäpfel von sechs kleinen Äpfeln einen Deckel abschneiden und das Kerngehäuse ausstechen. Die ausgehöhlten Äpfel auf ein befettetes Blech geben und ca. 15 Minuten im Ofen braten.

In das Rotkraut einen geraspelten Apfel und Preiselbeeren und einen Spritzer Rotwein geben und etwas einköcheln lassen. Die Bratäpfel mit dem Rotkraut füllen.

Junge Gämse in der Nusskruste mit Schwarzen Nüssen

8 Gämsen-Medaillons à 80g, 1 EL Butter, 1 Zweig Thymian, 1 Zweig Rosmarin, 2 Wacholderbeeren, Salz, Pfeffer, Öl

Für die Nusskruste: *100g weiche Butter, 100g Walnüsse, 50g Semmelbrösel, Petersilie, 1 TL Nussöl, Salz, Pfeffer*

Für die Holundersauce: *0,1l dunkles Bier, 0,1l Wildfond, 0,1l Holundersaft, 2 EL Holunderblütensirup, Saft einer halben Zitrone, Salz, Pfeffer*

Die Gämsen-Medaillons mit Salz und Pfeffer würzen und in heißem Öl anbraten, sodass sie innen noch rot sind. Die Butter zusammen mit dem Rosmarin, dem Thymian und den zerstoßenen Wacholderbeeren aufschäumen lassen und die Medaillons darin wenden.

Für die Nusskruste die Butter, die geriebenen Nüsse, die Semmelbrösel, die fein gehackte Petersilie und das Nussöl mischen, mit Salz und Pfeffer abschmecken. Die Medaillons mit der Nusskrustenmasse bestreichen und kurz im Ofen überbacken.

Für die Sauce den Bratensatz mit dem Bier und dem Wildfond ablöschen und mit dem Holundersaft und dem Sirup aufkochen lassen, mit Salz, Pfeffer und Zitronensaft abschmecken.

Dazu Schwarze Nüsse und Weinbeeren-Polenta (Rezepte siehe unten) servieren.

Schwarze Nüsse

1 kg grüne Walnüsse, 500 g Zucker, Nelken, Zimtrinde

Grüne Nüsse sollten traditionell am Johannistag, dem 24. Juni, geerntet werden. Mit einer Nadel mehrmals durchstechen, 8 bis 10 Tage lang in täglich zu erneuerndes, kaltes Wasser legen und schließlich in Salzwasser weich kochen.

Die abgeseihten Nüsse werden mit heißem, gesponnenem Zucker übergossen. Dafür ½ kg Zucker mit ¼ l Wasser aufkochen. Die Schwarzen Nüsse 12 Stunden lang kühl stellen.

Dann wird der Zucker abgeseiht, aufgekocht und abermals über die Nüsse gegossen. Dies noch 3–5mal wiederholen.

Schließlich wird der Zucker nach Zugabe einiger Gewürznelken und Zimtrinde, die man später entfernt, dick eingekocht und über die in Einsiedegläser gefüllten Nüsse gegossen.

Weinbeeren-Polenta

100 g Maisgrieß, 50 g Weinbeeren (Rosinen), Butter, ¼ l Bouillon, ¼ l Milch, Salz, Pfeffer, Muskatnuss, Rotwein

Die Bouillon mit der Milch und 1 EL Butter zum Kochen bringen. Maisgrieß einrühren, aufkochen lassen und zugedeckt beiseite stellen. Nach 20 Minuten einmal umrühren und weitere 20 Minuten ziehen lassen.

Am Schluss die in Rotwein eingeweichten Weinbeeren unterheben und mit Salz, Pfeffer und Muskatnuss abschmecken.

Überkrusteter Wildschweinbraten in Biersauce

1,5 kg Wildschweinkeule, ¼ l Rotwein, 1 l dunkles Bier, 0,75 l Wildfond, 1 Stangensellerie, 2 Karotten, 3 Zwiebeln, Ingwer, Salz, Pfeffer, Öl, Vollkornbrot

Für die Kruste: *½ kg Toastbrot, 200 g Butter, 1 Bund gehackte Petersilie, 4 Eier, 1 Prise Zimt, 1 Prise Ingwer*

Das Wurzelgemüse würfelig schneiden und in heißem Öl kurz anbraten. Das Wildschwein mit Salz und Pfeffer würzen und auf dem Wurzelwerk kräftig anbraten.

Mit dem Rotwein und ½ l Bier ablöschen und im Backofen bei etwa 180 Grad ca. 1 Stunde schmoren.

Für die Kruste das Toastbrot kleinwürfelig schneiden, Petersilie, zerlassene Butter, Zimt und geriebenen Ingwer dazugeben und mit den Eiern vermengen.

Die Masse auf dem Wildschwein verteilen und weitere 20 Minuten im Backofen lassen.

Für die Sauce das Vollkornbrot klein schneiden und in einer Pfanne kurz anrösten. Mit ¼ l dunklem Bier und dem Wildfond ablöschen und aufkochen lassen. Mit einem Pürierstab passieren, das restliche Bier dazugeben, mit Salz und Pfeffer abschmecken und etwa 20 Minuten ziehen lassen.

Mit Semmelknödeln servieren.

Hasenrücken mit Pfeffersauce & Orangennudeln

1 Hasenrücken, 2 Karotten, ½ Sellerieknolle, 1 Zwiebel, 2 Schalotten, 2 EL Tomatenmark, ½ l Rotwein, 1 Orange, Orangenlikör, ¼ l Obers (Sahne), Pfeffer, grüner Pfeffer, Butter, Kohlsprossen (Rosenkohl), Bandnudeln, Butterschmalz oder Öl

Den Hasenrücken auslösen und sauber zurichten, rundherum schnell anbraten, in Alufolie wickeln und ruhen lassen.

Karotten, Sellerie und Zwiebeln klein schneiden und zusammen mit den gehackten Knochen in heißem Fett kräftig anrösten, bis alles Farbe bekommt. Das Tomatenmark dazugeben und kurz mitrösten, mit Rotwein ablöschen und mit Wasser auffüllen, den Saft einer halben Orange dazugeben und ca. 30 Minuten köcheln lassen, durch ein Sieb passieren und etwas einkochen.

Die Schalotten kleinwürfelig schneiden, mit grob gestoßenem schwarzen Pfeffer in Butter anschwitzen und mit der Sauce aufgießen. Das Obers (die Sahne) dazugeben, mit Orangenlikör abschmecken, 1 EL grünen Pfeffer daruntermischen und eventuell mit etwas Mehl stauben.

In einer Pfanne 2 EL Butter aufschäumen, mit dem Saft einer Orange ablöschen, mit Orangenlikör abschmecken. Die Bandnudeln al dente kochen und darin schwenken.

Wachteln mit Trauben

6 Wachteln, 1 Bund Petersilie, 100 g Butterschmalz, 1/8 l Weißwein, 1/8 l Kalbsfond, 300 g kernlose Weintrauben

Die Wachteln kurz abspülen, trocken tupfen, salzen und pfeffern. Die Hälfte der Petersilie fein hacken, die restliche Petersilie in die Bauchöffnungen der Wachteln stecken.

In einem Schmortopf ca. 40 g Butterschmalz erhitzen. Die Wachteln darin von allen Seiten kräftig anbraten, in eine größere Auflaufform geben und mit etwas von dem Bratfett beträufeln. Ca. 15 Minuten bei geringer Hitze im Ofen garen lassen.

Den Bratenfond in der Pfanne mit Weißwein ablöschen und den Kalbsfond zufügen. Bei hoher Temperatur auf die Hälfte einkochen. Die restliche Butter mit einem Schneebesen in die Sauce schlagen, bis die Sauce leicht cremig wird.

Die Temperatur reduzieren und die kernlosen Weintrauben ca. 5 Minuten in der Sauce erwärmen, salzen und pfeffern. Kurz vor dem Servieren fein gehackte Petersilie über die Sauce streuen und über die Wachteln gießen.

Dazu frisches Weißbrot reichen.

Am 17. 9. 1897 telegrafierte Franz Joseph I. an Elisabeth:

»Der Kaiser und König an I.M. die Kaiserin
und Königin in Meran, Tirol, Hotel Kaiserhof.
Heute früh nichts geschossen. Fahre Abends auf das Dampfschiff
und pirsche noch morgen früh und Abend. Wetter bessert sich.«

Elisabeth – Schön und hungrig

»Sie isst schrecklich wenig, so dass auch wir darunter leiden müssen, denn das Essen, vier Speisen, vier Desserts, Kaffee ect. dauert nie über fünfundzwanzig Minuten.«

(GRAF LOUIS RECHBERG, DER KURIER DES KAISERS AUS MADEIRA, AM 12. 2. 1861)

Elisabeth galt als eine der schönsten Frauen ihrer Zeit. Sie sammelte in dieser Frühzeit der Fotografie Bilder von Frauen in einem »Schönheitenalbum«, um zu vergleichen.

Und sie kontrollierte genau, welches Bild von ihr publiziert wurde. Sie war fotoscheu und versteckte ihr Gesicht hinter einem Fächer. Für die schöne, aber älter werdende Sisi begründete sich die Fotografen-Profession der Paparazzi und die der Bilderfälscher. Echte Fotos von ihr wurden retuschiert, mit anderen zusammenmontiert, ihr Gesicht in fremde Figuren eingeschnitten. Das Abbild der schönen Kaiserin wurde zur professionellen Besessenheit. Und die Erhaltung ihrer Schönheit wurde für sie selbst zur Obsession. Sie litt offensichtlich an *Anorexia nervosa* – Magersucht – und *Bulimia nervosa* – Bulimie, würde man heute diagnostizieren. Die Psychoanalyse interpretiert diese Abneigung gegen alles Körperlich-Üppige vordergründig als Abneigung gegen die Sexualität.

Um schlank zu bleiben, verweigerte sie weitgehend die Nahrungsaufnahme, aß deshalb allein in ihren persönlichen Räumen und hielt die strengsten und absonderlichsten Diäten. Franz Joseph hasste die Schlankheitskuren seiner untergewichtigen Frau, die auch immer nervöser und unleidiger zu ihm und ihrer Umgebung wurde.

Dicke Menschen waren für Elisabeth ein Gräuel. Über Königin Victoria von England schrieb sie in einem Gedicht:

Die Kleine, die Dicke,
Mit Hoheit im Blicke,
Bewusst ihrer Würde;
Denn fünfzig Jahr führte Sie's
Zepter im Lande.

(GEDICHT VON ELISABETH IN »WINTERLIEDER«
INSEL WIGHT, JULI 1887)

Über die Herzogin von Teck schreibt sie aus London: »Sie ist kolossal dick, ich hab so etwas nie gesehen. Ich dachte mir die ganze Zeit, wie muss sie im Bett ausschauen.«

Und über die »Freundin« des Kaisers, Katharina Schratt, eine Beziehung, die sie selbst förderte, ätzte sie in einem damals geheim gebliebenen Gedicht:

Dein dicker Engel kommt ja schon
Im Sommer mit den Rosen.
Gedulde Dich mein Oberon …
Sie schnürt den Bauch sich ins Korsett,
Dass alle Fugen krachen.
Hält sich gerade wie ein Brett
Und äfft noch andre Sachen …
Dünkt sie sich gleich Titanien,
Die arme dicke Schratt.

(GEDICHT VON ELISABETH, AUFGEZEICHNET VON
MARIA FREIIN VON WALLERSEE-LARISCH)

Franz Joseph litt unter dem Diätwahn Elisabeths. In einem Brief an Katharina Schratt aus Biarritz am 22.12.1886 schreibt der Kaiser: »*Die Kaiserin ist bekümmert, dass sie wieder zu dick wird, da sie, seit sie Carlsbader Wasser trinkt und nur von schwarzem Kaffee, kaltem Fleisch und Eiern lebt, bedeutend an Gewicht zugenommen hat. Das ist schon der höhere Rappel.*«

Der Kaiser war aber auch in Sorge um den Verlust der Üppigkeit seiner Freundin. Er beschwor Sisi, seine »*süße, geliebte Seele*«, ihre Abmagerungsideen nicht der Schratt zu empfehlen.

Sehr frühzeitig, knapp 25 Jahre alt, weigerte sich Elisabeth schon, Nahrung zu sich zu nehmen, litt an Blutarmut, die man als »Bleichsucht« bezeichnete, und war verdächtig, lungenkrank zu sein.

Sie lebte vor allem von Milch. Im »Schweizerhaus« im Schlosspark von Schönbrunn hatte sie dafür ausgesuchte Kühe eingestellt. Und auf ihren Schiffsreisen waren immer Ziegen an Bord für die kaiserlichen Bedürfnisse. Die Kaiserin wählte die Kühe selbst aus und befahl auch ihrem Gemahl, ihren Zustand zu überprüfen. Sie hatte eine Kuh aus der Bretagne importiert und eine aus Korfu. Und der Kaiser schrieb ihr: »*Gestern waren wir im Tiroler Garten, wo wir die beiden neuen Kühe, Deinem Befehl gemäß, ansahen, die mir sehr gut gefielen. Auch kosteten wir die Milch von der Kuh aus Aix les Bains.*« Und von Ida Ferency verlangte die Kaiserin: »*Heute abends möchte ich wieder ein kleines Gläschen von der Lipizzaner Kuh, eines von der Aninger, immer Mittagsmelke, Frostigen Rahm brauche ich nicht.*« Es war schon der 1. November und ziemlich kalt.

Diäten & Hungerkuren

Die Kaiserin ernährte sich lange Jahre von Frucht-, Gemüse- und Fleischsäften. Nur einer konnte sie dazu bringen, regelmäßig zu essen. Der Masseur Dr. Johann Georg Mezger – von dem der Kaiser an Sisi schrieb, dass er »*wie zu erwarten war, sich wieder recht grauslich benahm«* – war der Einzige, an dessen Anweisungen sie sich hielt. War sie in seiner Behandlung – wozu sie ihm durch halb Europa nachreiste – nahm sie regelmäßig Mahlzeiten ein. Er sagte ihr klipp und klar, dass *»sie alt und runzlig geworden sei und in zwei Jahren eine alte Frau sein würde, wenn sie ihr Leben nicht anders einrichte«*, wie ihre Hofdame, die Landgräfin Fürstenberg, berichtete. Der Kaiser hielt nicht besonders viel von dem Modearzt, der *»Dich maltraitiert und ganz wieder in seine undelikate und gewinnsüchtige Gewalt bekommt und mit Dir reclame macht!«*

Zum Déjeuner, dem Frühstück, nahm die Kaiserin Tee, ein Gebäck und frisches Obst.

Zum Diner, um 5 Uhr nachmittags, gab es zweierlei Suppen, Fleisch, Gemüse und Früchte.

Kraftsuppe

Kraftsuppe ist eine Suppenessenz, die dem »Beeftea«, einer konzentrierten Rindsuppe, entspricht. Dafür wird Rindfleisch ohne jeden Zusatz von Wasser zu einer Essenz destilliert.

1 ½ kg Rindfleisch von Bug, Keule oder Hals, 1 l salzlose Brühe, 50 g Karotten, 50 g Lauch, 50 g Sellerie, 15 g Salz

Das Rindfleisch wurde in Stücke geschnitten und in der silbernen Fleischpresse mürbe gemacht. Heute kann man in Ermangelung eines solchen Gerätes das Fleisch durch die grobe Scheibe des Fleischwolfs drehen. Mit Brühe, dem grob geschnittenen Gemüse und Salz verkneten. In ein Einweckglas füllen und verschließen. Das Glas ins kalte Wasserbad *(Bain Marie)* stellen und zum Kochen bringen. Die so entstandene Brühe nach 2–3 Stunden abseihen und in kleinen Tassen servieren.

Es herrschte unter Köchen, Küchenchefs, Küchenmeistern und Meisterköchen bis vor wenigen Jahren die Überzeugung, dass eine Frau in der feinen Küche nichts, außer als Abwaschweib, zu suchen habe. Elisabeth war da begründeter anderer

Ansicht und hatte als ihre persönliche Mundköchin die Mehlspeisköchin Therese Teufl. Diese berichtete, dass für die Kaiserin einmal ein ganzer Ochse auf diese Art verkocht wurde. Von dieser Essenz ernährte Elisabeth sich tagelang.

Kraftsuppe der Kaiserin

Das ist eine Suppenessenz, die Elisabeth nahm, bevor sie zur Jagd ritt. Dabei wurde Rindfleisch, Huhn, Reh und Rebhuhn zu einem nahrhaften Extrakt verkocht.

500 g mageres Rindfleisch, 2 kg Fleischabschnitte von Reh, Rebhuhn, Wachtel und Hase, 1 Suppenhuhn, 1 l kaltes Wasser, 100 g Wurzelwerk, 1 Stange Lauch, 1 kleine Zwiebel, Salz, 3 Eiweiß, 2 l Rindsuppe

Die Eiweiß mit dem Wasser schaumig schlagen, das in grobe Stücke geschnittene Fleisch und das grob geschnittene Suppengemüse dazugeben und eine halbe Stunde ziehen lassen. Dann mit der lauwarmen Rindsuppe unter ständigem Rühren auffüllen. Einmal aufkochen lassen und dann bei geringer Hitze ca. 1½ Stunden ruhig köcheln lassen. Nachdem alles eine weitere Stunde gezogen hat, abseihen und in Tassen kalt oder warm servieren.

Das Rezept entspricht weitgehend der »Oilli« aus dem Kochbuch des bayerisch königlichen Haushofmeisters und ersten Mundkochs Sr. Maj. des Königs Maximilian II., Julius Rottenhöfer.

Diese Energiebombe hatte eine lange Wiener Tradition. Der Bürgermeister der Reichs-Haupt und Residenzstatt Wien gab 1879 ein Bankett zur Silbernen Hochzeit des Kaiserpaares. In der *»Tafern der Gemain auf der Mehlgrube in Wienn«* stand als erstes Gericht auf der Speisekarte *»Ain nahrhaftige Kaiser-Fleischbrühe.«*

Kraftsaft

Ich möchte Ihnen nicht ein ganz eigenwilliges Extrakt verschweigen, das die Kaiserin zur Unterstützung ihrer Diät trank.

In Cap Martin an der französischen Riviera sah Kaiser Franz Joseph, wie Sisi roten Saft trank. Es ekelte ihn gewaltig, als er erfuhr, es sei der frisch gepresste Saft von sechs Kilogramm Ochsenfleisch, den die Kaiserin roh trank. Der Fleischsaft blieb wesentlicher Bestandteil des täglichen »Speiseplans«.

An seine Freundin Schratt schrieb Franz Joseph Tipps für Diäten aus dem Erfahrungsschatz der Kaiserin. Und er vermittelte Nachrichten und Statistiken über verlorene Kilos zwischen den hungernden, kurenden und sich wiegenden Damen. Sie machten Schwitz-, Massage-, Heublumen-, Milch- und Obstkuren. Und solche mit Schilddrüsenpräparaten, mit »Sonnenäther«, mit kalten Güssen und heißem Sand.

»Die Kaiserin läßt Ihnen sagen, daß Milch- und Obst-Tage viel besser und nützlicher sind als Ihre Schilddrüsen-Kur. Sie hatte Vorvorgestern einen Milch- und Vorgestern einen Obsttag und hat in Folge dessen 2 Pfund weniger ein Loth abgenommen. Darob großes, von mir nicht getheiltes Entzücken ...«

Und ein anderes Mal, dass die Kaiserin *»gestern eine Milchkur begonnen, bei welcher sie immer 3 Tage nur Milch ohne Brot und Marienbader Wasser genießen und am 4. Tage ordentlich essen will und so fort in dieser Einteilung. Auch will sie fleißig Bicycle fahren, alles zur Abmagerung«.*

Kaviar

An der französischen Riviera fand Elisabeth eine kalorienarme Diät von appetitlicherer Zusammensetzung.

»Gestern ging ich nach Monte Carlo, frühstückte bei Noël Patard. Austern, Caviar, grüne Spargel und Tee. War ausgezeichnet, und nicht um ein Loth war ich schwerer, heute früh wog ich 50 kg und 36 dkg, was noch schöner war.«

(KAISERIN ELISABETH, 176 CM GROSS, 1895)

Beim Kaviar kosten wenig Kalorien am meisten. 100 g haben zwar nur 126 Kalorien, aber die kosten jetzt zwischen 180 und 350 Euro.

Kaviar ist Fischrogen vom Stör, hat einen hohen Genusswert und viel Nährwert. Kaviar enthält 25 bis 30% Eiweiß, 16% Aminosäuren, die Vitamine D, E, B_{12} und Niacin, Jod, Natrium und andere Mineralien und Spurenelemente. Kaviar ist aber nicht fettfrei. Er hat 16% Fett, etwa so viel wie 100 g Schinken oder Extrawurst und einen beträchtlichen Gehalt an Cholesterin.

Kaviar wird eisgekühlt auf einem Eissockel angerichtet. Dazu am besten gebutterten Toast. Als klassische Beilage werden Blinis, kleine, säuerliche Buchweizenpfannkuchen, Kartoffelpuffer, gehackte Zwiebeln und Zitrone empfohlen. Aber das sind störende »Sättigungsbeilagen« und Geschmacksbomben, die den feinen Geschmack des Kaviars stören.

Als passendes Getränk eignet sich am besten ein trockener Weißwein, besser Champagner. Die Kaiserin trank dazu Tee.

Austern und Muscheln

Aber wie schon der Held in Johannes Mario Simmels Fortsetzungsroman wusste: Es muss nicht immer Kaviar sein. Für die diätsüchtige Kaiserin waren auch Austern eine hervorragende Speise. Wenn sie nicht verdorben sind, sind sie eine äußerst gesunde Nahrung. Vom Nährwert her sind sie kalorienarme Kraftpakete. Zwar bestehen sie zu 83–86% aus Wasser, aber der Rest sind kostbarste Nährstoffe. Sogar die Austernschalen enthalten eine besondere organische Schwefelverbindung, welche als Extrakt eine schmerzlindernde, entzündungshemmende und antirheumatische Wirkung hat.

100 g Austernfleisch enthalten 10% Proteine, 1–2% Lipide, 4% Kohlenhydrate, 1–2% Mineralsalze, darunter Kalzium, Magnesium, Zink, Eisen, Jod, Phosphor und die Vitamine A,

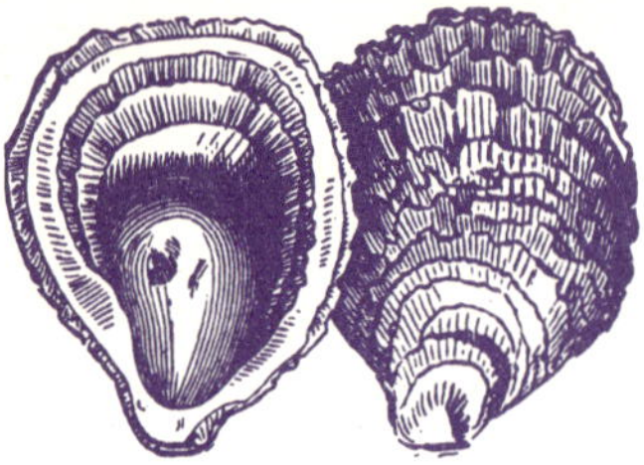

B_1, B_2, B_{12}, Nicotinamid, Biotin, Folsäure. Und das alles hat nur ca. 50 Kalorien. Zum Vergleich: Zwei Scheiben Vollkornbrot haben auch 100g, aber vier Mal so viele Kalorien.

Nicht zu vergessen den Ruf der Austern als Aphrodisiakum. Aber daran war die Kaiserin weniger interessiert, wie die Dokumente zeigen.

Die einfachste Zubereitungsart von Austern ist die »Schlürf-Auster«. Die dickwandigen Schalen lässt man dazu mit einem speziellen Austernmesser mit sehr harter, kurzer Klinge auseinander brechen. Das Austernfleisch *»on the half shell«* mit Zitronensaft beträufeln und roh mit dem darin enthaltenen Meerwasser schlürfen.

An sich geht nichts über die roh geschlürfte Auster ohne jede pikante oder säuerliche Zugabe. Aber es gibt einen Wiener Bau-Tycoon, der sie sogar mit Ketchup verträgt. Aber auch die Franzosen reichen dazu ein Schälchen mit in Essig verrührten, feinst geschnittenen Schalotten.

Wer sich nicht scheut, ein bisschen mehr an Kalorien zu sich zu nehmen, kann die Austern überbacken oder gratinieren, das ergibt ca. 140 bis 200 Kalorien pro Person.

Austern gratiniert

12 Austern, 100g Creme légère, 1 Limone, 1 Eigelb, Pfeffer, Salz, Cayennepfeffer, Tabasco, 30g Parmesan

Austern öffnen und aus den Schalen heben. Das enthaltene Meerwasser durch ein Sieb in einen kleinen Topf gießen und mit wenig Wasser auffüllen, dass die Austern später darin leicht bedeckt sind. Das Wasser kurz zum Kochen bringen, vom Herd nehmen und das Fleisch der Austern ganz kurz darin schwenken, bis das Muschelfleisch sich verfestigt. Die Austern aus dem Wasser nehmen und abtropfen lassen.

Die Creme légère mit dem Saft einer Limone verrühren und ein frisches Eigelb in diese Sauce rühren. Mit frisch gemahlenem Pfeffer, Salz, einer Prise Cayennepfeffer und ein paar Tropfen Tabasco würzen.

Die Muschelschalen mit etwas Cremesauce füllen, die Austern auf die Sauce setzen und mit wenig Cremesauce bedecken. Etwas frisch geriebenen Parmesan darüberstreuen und ca. 6 Minuten unter dem Grill (Salamander) gratinieren.

Pochierte Austern

12 Austern, 1 EL Butter, 2 Stangen Lauch, 2 EL Crème fraîche, Pfeffer

Die Austern öffnen und das Austernwasser und die Schalen beiseite stellen.

In einer Pfanne die Butter erhitzen, den Lauch in feine Ringe schneiden, hinzufügen und mit dem Austernwasser auffüllen. Die Lauchringe dünsten. Mit Crème fraîche aufmontieren und einige Minuten köcheln lassen. Das Austernfleisch hinzufügen und noch etwa 2 Minuten garen lassen. Mit Pfeffer abschmecken.

Die Muschelschalen in heißem Wasser erwärmen, die Austern in diese Schalen geben und mit der Lauchsauce abdecken.

An der französischen Atlantikküste ist es ein beliebtes Morgenessen, nach der Ernte an den Austernbänken frische Austern mit gebratenen Würstchen und Weißbrot zu essen. Eine ähnliche Geschmacksverbindung ist die australische Zubereitungsart:

Austern Kilpatrick

12 Austern, 30 g Butter, Worcestersauce, 90 g Speck, 1 Zitrone

Die geöffneten Austern in der Schale auf ein Backblech legen. Jede Auster mit einem kleinen Stück Butter belegen. Mit je einem Spritzer Worcestersauce würzen. Durchwachsenen Speck fein schneiden, über die Austern geben und unter dem Grill ca. 5–6 Minuten überbacken, bis der Speck knusprig ist. Dazu Zitronenviertel reichen.

Austern à la Rockefeller

12 Austern, 1 EL Butter, 2 Schalotten, 250 g tiefgekühlter Blattspinat, 1 Glas Weißwein, 1/8 l Obers (Sahne), 1 EL Pernod, Salz, Tabasco, Parmesan, Semmelbrösel

1 EL Butter in eine Pfanne geben und die fein gehackten Schalotten darin anschwitzen. Den halb aufgetauten Blattspinat grob hacken und mitdünsten, bis die Flüssigkeit eingekocht ist. Vorsichtig salzen und abkühlen lassen.

Das Austernfleisch aus den Schalen lösen, in einen Topf geben und die Schalen beiseite stellen. Die Austern mit einem Glas Weißwein und dem Austernwasser etwa 1 Minute pochieren. Die Austern herausnehmen und das Obers (die Sahne) unter die Flüssigkeit mischen und cremig einkochen lassen. Mit ca. 1 EL Pernod und einigen Spritzern Tabasco abschmecken.

Die Austernschalen auf ein Backblech legen und den Spinat einfüllen, in jede Schale eine Auster legen und die Sauce darübergeben. Etwas geriebenen Parmesan darüberstreuen und im Backofen unter dem Grill kurz gratinieren.

Coquilles St. Jacques provençale – Jacobsmuscheln auf provenzalische Art

Die Jakobsmuschel hat es zum berühmtesten Reisesouvenir der Weltgeschichte gebracht. In den Jahrhunderten der Pilgerreisen war sie das Erkennungszeichen der Pilger nach Santiago de Compostela.

12 Jakobsmuscheln, 1 Zitrone, Salz, Pfeffer, 2 EL Olivenöl, Butter, 1 EL Mehl, 1 Knoblauchzehe, 1 Schalotte, Petersilie

Muschelfleisch aus den Schalen lösen, waschen, trocken tupfen und vom orangefarbenen Rogen trennen. Zitronensaft über das Muschelfleisch geben, salzen und pfeffern.

Olivenöl und etwas Butter in einer Pfanne aufschäumen. Das Muschelfleisch in Mehl wälzen und goldbraun anbraten. Den Knoblauch fein hacken, die Schalotte in Ringe schneiden, die Petersilie fein hacken und alles zu den Muscheln geben. Zum Schluss nach Geschmack den Rogen hinzufügen und kurz durchrösten. Heiß in die Cocquilles – die tiefen Muschelschalen – füllen.

Moules Bordelaise – Miesmuscheln Bordeaux

Die Pfahl- oder Miesmuscheln haben genau so viele Kalorien (ca. 50) wie die Austern, sie sind nur weniger royal, exklusiv und kostspielig.

2 kg Miesmuscheln (Pfahlmuscheln), 2 Zwiebeln, 1 Stange Lauch, ½ l Wasser, 1 EL Weinessig, 1 Lorbeerblatt, 2 Nelken, ½ TL Kümmel, 30 g Butter, 1 Knoblauchzehe, 1 EL Mehl, Salz, Pfeffer, 1 TL Zucker, 1 Glas Rotwein (Bordeaux), ½ Bund Petersilie, ½ Bund Schnittlauch

Die Muscheln unter kaltem Wasser abbürsten, von den Bärten befreien und alle geöffneten Muscheln wegwerfen.

Eine Zwiebel schälen, in Scheiben schneiden, den Lauch in 1 cm breite Ringe schneiden und alles in einen großen Topf geben. Mit ½ l Wasser auffüllen. Weinessig, Lorbeerblatt, Nelken und den Kümmel dazugeben.

Diesen Sud zum Kochen bringen, die Muscheln hinzufügen und bei geschlossenem Topf 15 Minuten kochen, bis die Muscheln sich öffnen. Die Muscheln aus dem Sud nehmen und warm stellen, geschlossene Muscheln wegwerfen. Den Sud auf die Hälfte einkochen.

Für die Sauce die restliche Butter in einem Topf erhitzen.

Die zweite Zwiebel und die Knoblauchzehe fein gehackt anschwitzen, salzen und das Mehl dazugeben. Hellbraun durchrösten. Mit dem durchgeseihten Muschelsud ablöschen und unter Rühren ca. 5 Minuten weiterkochen lassen. Mit Zucker und schwarzem Pfeffer würzen und mit dem Bordeaux abschmecken, aber nicht mehr aufkochen. Die Sauce über die

Muscheln geben und mit gehackter Petersilie und fein geschnittenem Schnittlauch bestreuen. Dazu Baguette reichen.

Süße Sünden

Keine Rücksicht auf Diäten nahm die Kaiserin beim Besuch von Konditoreien. In Gesellschaft, die ihr angenehm war, konnte sie etwa mit dem Sohn Kronprinz Rudolf in der Konditorei in Zürich *»von den excellenten Dingen«* schlemmen. Oder mit der bayerischen Verwandtschaft in Cap Martin, wo

»die Kaiserin, die sich durch längeres Fasten
vorbereitet hatte, von allen Speisen
mit dem besten Appetite aß. Es war wohlthuend zu sehen,
wie sie sich einmal satt aß ...«

Diese Creme- und Tortenorgien trainierte sich Sisi dann wieder mühsam ab. So hatte sie sich ein Fitness-Studio eingerichtet, zur Frustration des Kaisers gerade in dem Saal, in dem er seine Thronreden hielt.

Zu ihren Lieblings-Süßigkeiten gehörten Veilchen-Bonbons, die die Hofkonditorei Demel noch heute herstellt, und jede Menge Eis.

Für die gefrorene Zubereitung gab es eigene Eismaschinen und Hunderte Förmchen. Das Fruchteis wurde je nach Geschmack in der Form von Pfirsichen, Birnen, Aprikosen oder als bunte Obstschüssel mit den naturalistisch modellierten und gefärbten Früchten serviert.

Veilchen-Sorbet

Ein Rezept aus der Hofküche:

Veilchenblüten, 125 g Zucker, Wasser

Eine Hand voll Veilchenblüten im Mörser zerstoßen. Dazu wird etwas lauwarmes Wasser und Zucker gegeben. Nach etwa einer Stunde in eine Form gießen und ins Tiefkühlfach stellen. Öfter umrühren, damit das Sorbet weich bleibt.

Cabinet-Pouding

Das ist in gewisser Weise ein kalorienarmes Rezept von Therese Teufl, der Mundköchin Elisabeths. Die ehemalige Köchin in der *Kindsküche* war eine Meisterin der leichten Küche. Franz Joseph schrieb über sie nach einem Diner:

»Theresia Teufel hat sich selbst übertroffen.
Ich aß von allen Speisen und hatte nach Tisch
gar nicht das Gefühl, gegessen zu haben.«

70 g Butter, 70 g Zucker, 6 Eier, 90 g Biskuit, Champagner, kandierte Früchte

Die Butter mit 6 Eigelb und dem Zucker schaumig rühren und mit dem Schnee von vier Eiern versetzen. Diese Eiercreme (Chaudeau oder Sabayone) kann mit Champagner versetzt werden und wird über den würfelig geschnittenen Biskuit gegossen. Klein geschnittene kandierte Früchte nach Geschmack daruntermischen, alles in eine Puddingform füllen und im Wasserbad stocken lassen.

Die einfachen Genüsse des Kaisers

»Da die große Hofküche sich im gegenüber liegenden Meidlinger Trakt befand, mussten alle Speisen in großen, heizbaren Blechkästen über den Hof getragen werden. Ein Mundkoch improvisierte auf einem Absatz der großen Stiege des Hietzinger Traktes eine Art Anrichte, wo die Speisen für S. M. erst richtig bereitet wurden. Wer hätte jemals gedacht, dass für den Kaiser von Österreich das Essen auf einer Stiege gerichtet würde? Recht unpraktisch, aber auch anspruchslos.«

(*ERWIN LOBKOWITZ, ERINNERUNGEN AN DIE MONARCHIE*)

Das Budget der kaiserlichen Küche betrug den Gegenwert von etwa 3 Millionen Euro, die zum Großteil für Bankette ausgegeben wurden. Aber allein für die allgemeine Hofvorratshaltung waren täglich rund 500 Gulden vorgesehen, heute etwa 6000 Euro. Immer wieder versuchte das Obersthofmeisteramt, diese Kosten zu reduzieren. Mit wechselndem, aber immer mäßigem Erfolg. Einmal stieß einer der beamteten Sparmeister auf die Tatsache, dass der Kaiser und sein Generaladjutant täglich einen frischen Gugelhupf bekamen. Es wurde im Geheimen beschlossen, dass der Kuchen für mehrere Tage reichen müsse, aber keiner getraute sich, es der allerhöchsten Majestät zu sagen. Also blieb alles beim Alten: beim täglich frischen Gugelhupf.

Gugelhupf war bei Kaisers schon seit dem Ehemann der Maria Theresia, dem Kaiser Franz, Frühstückstradition. Man nannte daher den Gugelhupf auch »Kaiser-Gugelhupf«.

Ein kaiserliches Frühstück wäre ohne ihn undenkbar gewesen. Es wurde um 5 Uhr bzw. 6 Uhr im Arbeitszimmer des Kaisers serviert. Für seine Zusammensetzung gab es genaue Anweisungen:

Ausmaß der Mahlzeiten

mit der Giltigkeit für Wien, Schönbrunn,
Budapest und alle Hofreisen
Tee oder Kaffee, auf einem Spiritusbrenner zubereitet
3 dag Butter, 2 Eier, 2 Kipfeln, 1 Semmel, 1 Brot, 1 Guglhupf
Nur zum Kaffee 2 Brioches
Zum Thee ausserdem: trockene Bäckerei statt Guglhupf
und auf Verlangen kaltes Fleisch in 2 Sorten,
ohne Geflügel, kein Obst

Gugelhupf S. M.

Der Hofkoch Friedrich Hampel veröffentlichte in seinem »*Hand-Receptbuch für die Thee- und Mehlspeisküche*« das Rezept für den »Kaisergugelhupf«, das vom Hofkoch in der k.u.k. Hofmundküche A. Radlmacher und anderen in etwa gleicher Rezeptur in den handgeschriebenen Rezeptsammlungen festgehalten wurde.

360 g zerlassene Butter, 12 Eier, 500 g Mehl, 60 g Zucker, 15 g Germ (Hefe), Rosinen, Obers (Sahne), Salz, Vanille

Die Eier nach und nach in die gerührte Butter schlagen, das Mehl löffelweise daruntermischen und zuletzt die in etwas warmer Milch aufgelöste Germ (Hefe) mit den restlichen Zutaten zugeben. Etwa 45 Minuten im vorgeheizten Backofen backen.

Es ist eigentlich ein simpler Germteig (Hefeteig) mit vielen Eiern. Aber was für den Kaiser gut genug war, das musste von den bürgerlichen Köchen und Köchinnen aufgebessert werden, damit es den Vorstellungen von höfischer Pracht und Üppigkeit entsprach. Da gibt es den Biskuitgugelhupf und die mit Mandeln, Rum oder Schokoladen verfeinerten Gugelhupfe.

Und es gibt noch einen anderen feinen Gugelhupf, der für den Kaiser bestimmt war. Und das Rezept hat einen erotischem Hintergrund.

Schratt-Gugelhupf

Der Kaiser hatte seine geheimen Rendezvous, von denen jeder wusste, mit seiner Geliebten, der »Gnädigen Frau«, meist in den frühen Morgenstunden. Wenn er gegen sieben Uhr die Villa der Schauspielerin Katharina Schratt betrat, stand frisch gebackener Gugelhupf auf dem Frühstückstisch. Da Frau Schratt befürchtete, der vom Kaiser so geliebte Gugelhupf könne einmal nicht gelingen, ließ sie vom k.u.k. Hofzuckerbäcker in Wien, oder wenn sie in Bad Ischl war, beim Zuckerbäcker Zauner, nach ihrer Rezeptur einen Reserve-Gugelhupf backen.

170 g Butter, 140 g Staubzucker, geriebene Zitronenschale, 4 Eier, 40 g Rosinen, 40 g geschälte, gestiftelte Mandeln, 280 g Mehl, Backpulver

Butter, Eigelb, Zucker und Zitronenschale schaumig rühren. In die Masse Mandeln und Rosinen einrühren. Den steif geschlagenen Eischnee vorsichtig unterheben und zuletzt das gesiebte Mehl mit dem Backpulver einarbeiten. Die Masse in eine bebutterte, mit Mehl bestaubte Gugelhupfform füllen und im Ofen (zuerst bei halb offener Tür) bei mittlerer Hitze backen.

Da weckt sie lautes Rasseln
im Thal aus ihrer Ruh;
Der König Wiswamitra
Kehrt heim von seiner Kuh.
Oh König Wiswamitra,
O welch' ein Ochs bist du!

(*ELISABETH ZITIERT EIN GEDICHT VON HEINRICH HEINE*)

Seine, dem Kaiser von seiner Frau Elisabeth zugeführte, Freundin Katharina Schratt bezeichnete ein Besucher, der Fürst Thurn und Taxis, in Unkenntnis der Zusammenhänge als *»schauderhaft kommun sieht sie aus«* (*kommun = gemein, gewöhnlich*). Und die 20-jährige Tochter Erzherzogin Marie Valerie schreibt über »die Freundin«: *»ich begreife, dass ihr ruhiges sehr natürliches Wesen Papa sympathisch ist.«* Der Kaiser war über die einfache Konversation ohne Philosophie, Poesie und Esoterik höchst froh. Er versichert: *»Ich habe diese Frau noch niemals nur mit einem Finger berührt.«*

Dafür – für die sexuellen Vergnügungen – hatte Franz Joseph u. a. eine Dame im Nebenhaus, die Anna Nohowski, die er um vier Uhr morgens, wenn die Ausschüttung der Testosterone am stärksten ist, besuchte. Als das Verhältnis zu Ende ging, bekam sie 200.000 Gulden in bar im Kuvert als Abfindung, was auch knapp 2,4 Millionen Euro sind.

Das »u. a.« bezieht sich auf die anderen »Pantscherln«, schlampige Verhältnisse des Kaisers, meist mit jungen »nicht anständigen« Schauspielerinnen.

Die kulinarischen Genüsse des Kaisers waren ebenso einfach, aber billiger. Der Kaiser liebte einfache Gerichte und war noch dazu ein sehr schneller Esser. Er aß nicht sehr viel, trank wenig und da lieber Bier als Wein. Bei Hofdiners wurde, sobald die Majestät das Besteck abgelegt hatte, abserviert. Für die 12-gängigen Menus blieb nur knapp eine Stunde Zeit. Das hatte eine durchaus bäuerliche Tradition in Österreich.

Wenn der Großknecht, der als Erster aus der Schüssel nahm, den Löffel weglegte, war's für alle aus mit dem Schmatzen und Schlürfen.

»Der Kaiser war so anspruchslos, mit einem kleinen
Stückerl Rindfleisch war er schon zufrieden,
Heutzutage wäre man mit dem Essen, das für die Leute
in der Hofküche gekocht wurde, nicht zufrieden.
Der Kaiser aber war's.«
(MARIA TUMA, GÄRTNERIN-KÖCHIN AM HOF)

Rindfleischgenüsse

Grundsätzlich war Franz Joseph ein Rindfleischesser und Mehlspeistiger. Das mit den Mehlspeisen vor allem, weil das halbe Jahr aus katholischen, fleischlosen Fasttagen bestand.

Und er war das, was man in Wien als einen »schwachen Esser« bezeichnet.

Die durch die Literatur geadelte Krönung der österreichischen Rindfleischkultur ist das gekochte Rindfleisch, und das in einer Vielzahl von Möglichkeiten. Die Rindsuppe und das damit verbundene gekochte Rindfleisch wurde ab dem Biedermeier, durch die Vorliebe des Kaisers dafür, zum Statussymbol des Kleinbürgers. Der Kaiser benutzte zum Essen fast ausschließlich den Löffel und die Gabel. Das Rindfleisch musste also ganz besonders zart und weich sein und sehr dünn geschnitten. Das blank geputzte Messer verwendete er als Spiegel, um seinen Bart zu kontrollieren.

Diese Rindfleischliebe spiegelt sich auch in der Vielfalt der Bezeichnungen für die einzelnen Fleischteile wider.

Der zwei Jahre vor dem Tod von Elisabeth geborene Wiener Theaterdichter Frank Raymond – der aber als Küchenchef Franz Ruhm bekannter geworden ist – hat in seinem »Kochbuch für Alle« noch der Hausfrau Empfehlungen für die Auswahl der richtigen Fleischteile gegeben, die heute weitgehend aus dem Sprachschatz der Supermarkt-Käuferinnen verschwunden sind. Da gibt es nur mehr die Entsprechungen für die deutschen Begriffe Keule, Fehlrippe und Kammstück.

Durchwachsenes Fleisch – also fettes – Rindfleisch gibt es in folgenden Varianten zum Kochen: Kruspelspitz, Kavalierspitz, Rieddeckel, Hüferschwanzl, hohe oder gestutzte Rippen, Palisade, Brust oder Kügerl.

Saftiges mageres Fleisch ergeben vor allem der Tafelspitz, die Schulter, das schwarze Scherzl, auch Bröselfleisch genannt.

Trockenes Fleisch liefern das Ortscherzl oder Schwanzl sowie das weiße Scherzl.

Rindfleisch in minderer Qualität bekommt man vom Drüsel und Riedhüfel, sehr weiches vom Ausgelösten.

Wohlgemerkt, das sind nur die Sorten zum Kochen. Fürs Braten und Dünsten gibt es noch zusätzliche Teile. Insgesamt etwa minimal 40 verschiedene, von denen der Tafelspitz die Spitze, der Gipfel, der Chimborazo der fleischlichen Genüsse ist.

Tafelspitz

2–3 kg Tafelspitz, 1 Zwiebel, 1 Suppengrün bestehend aus Karotte, gelber Rübe, Petersilwurzel und Sellerie, ½ Stange Lauch, 1 kleine Tomate, Pfefferkörner, Salz, Markknochen, Schnittlauch

Das Tafelspitzfleisch soll vom jungen Mastochsen sein, von Haut und Sehnen befreit, aber mit dem schmalen Fettrand. Das Fleisch wird in ca. 2 l kochendem Wasser aufgesetzt. In kaltem Wasser aufgesetzt, wird das Fleisch ausgelaugt und ist am Ende geschmacklos. Das kochende Wasser schließt die Poren und das edle Suppenfleisch behält seinen Geschmack.

Nach einer ½ Stunde Kochzeit fügt man die halbierte und auf der Schnittseite angebratene Zwiebel bei. Das gibt der Suppe die goldene Farbe und ist wichtiger Teil des Geschmacks. Dann das Wurzelwerk, die Markknochen, die Pfefferkörner und das Salz zugeben.

Die Suppe soll langsam etwa 2½ Stunden kochen, bis das Fleisch weich ist. Den sich bildenden weißlich-grauen Schaum erst ganz zum Schluss abschöpfen.

Das fertige Fleisch aus der Suppe nehmen. Das Mark aus den Knochen nehmen. Es kann heiß auf getoastetem Schwarzbrot, mit grobem Salz bestreut, als kleines Vorgericht serviert werden.

Den Tafelspitz quer gegen die Faser in ca. 1 bis 1,5 cm dicke Scheiben schneiden. Mit grobem Salz bestreuen, mit klarer Rindsuppe übergießen, mit dem in Scheiben geschnittenen Wurzelwerk belegen und mit Schnittlauch bestreuen.

Da das Wurzelwerk meist zu weich gekocht ist, nimmt man Karotten und Gelbe Rüben, die man am Schluss in der heißen Suppe blanchiert, als schnitt- und bissfeste Gemüsescheiben.

Die Suppe wird als feine Rindsuppe mit verschiedensten Einlagen gereicht.

Aber hier scheiden sich die Geister.

Einerseits gibt es das gekochte Rindfleisch auf der Servierplatte mit mehreren Beilagen, andererseits wird es in der Suppe im Topf serviert mit den getrennt gereichten Beilagen.

Tafelspitz im Topf

Franz Ruhm bevorzugte die Variante des Suppentopfs.

1 kg Tafelspitz, Markscheiben, 1 Wurzelwerk, 1 kleine Zwiebel, 1 Kohlkopf, Salz, Pfeffer, Safran, grüne Erbsen, 1 mittlere Tomate, Karfiol (Blumenkohl), Champignons

Der Tafelspitz wird in 2½ l gesalzenem kalten Wasser aufgesetzt und langsam halbweich gekocht. Dann das in bleistiftstarke Stäbchen geschnittene Wurzelwerk und eine nudelig geschnittene Zwiebel zugeben. Etwas später einen in Sechstel geschnittenen Kohlkopf (ohne Strunk). Alles zusammen weich kochen, abschmecken, pfeffern, eventuell nachsalzen und einige Fäden Safran dazugeben.

In einen feuerfesten Suppentopf gibt man pro Gedeck 1 EL blanchierte grüne Erbsen, eine halbe würfelig geschnittene Tomate, ein Stück blanchierten Karfiol (Blumenkohl), das gestiftelte Wurzelwerk und einige blättrig geschnittene Champignons sowie je drei rohe Markscheiben. Darauf das in ca. 1½ cm dicke Scheiben geschnittene Fleisch legen und mit der Suppe auffüllen. Der Kohl liegt obenauf. Im Porzellantopf nochmals aufkochen und dampfend heiß servieren.

Und jetzt nähert sich das Gericht langsam der Völlerei.

Wenn man neben dem Tafelspitz noch ein Stück Schulterscherzl und ein Beinfleisch aus dem Mageren Meisl mitkocht, dann versammelt man alle Geschmacksnuancen, die das Rindfleisch bieten kann, in einem einfachen Porzellantopf, wie er auch in der Hofküche verwendet wurde, um das Rindfleisch zu servieren.

Das legendäre Hotels Meissl & Schadn auf dem Neuen Markt in Wien hatte 24 verschiedenen Sorten Siedefleisch auf der Speisekarte.

Der Tafelspitz wird grundsätzlich mit Erdäpfelschmarrn, also Röstkartoffeln, oder »Gestürzten Erdäpfeln« serviert. Die österreichische Rindfleisch-Spezialität verlangt aber nach einer ganzen Reihe von Beilagen. Vorzugsweise Apfelkren, Semmelkren, Mandelkren, Schnittlauchsauce und Spinat, Gurkengemüse, Dillfisolen, Paradeissauce oder Rote Rüben. Es gab dafür eigene Teller, in deren Mitte das Fleisch liegt, umrundet von kleinen Vertiefungen für die Zuspeisen, wie die Wiener sagen. Oder Garnierungen, wie die Köche sagen, oder wie es bei den Deutschen heißt: die Beilagen. Diese Präsentier-Teller heißen Cabaret – danach wurde auch das Revue-Programm auf den kleinen Gasthausbühnen genannt, das aus mehreren kurzen Nummern bestand – und haben Abteilungen für bis zu 12 Garnierungen.

Die klassischen Beilagen zum Tafelspitz

Geröstete Erdäpfel

¾ kg Kartoffeln, 40 g Butterschmalz, 1 Zwiebel, Salz, Pfeffer

Die am Vortag gekochten Kartoffeln werden kalt abgeschält und auf einer Reibe grob gerissen. In einer Bratpfanne Butterschmalz erhitzen und die klein geschnittene Zwiebel darin goldgelb anrösten. Die Kartoffeln dazugeben, salzen und wenig pfeffern und unter gelegentlichem Wenden knusprig goldgelb backen. Mit Schnittlauch bestreuen.

Gestürzte Erdäpfel

¾ kg Kartoffeln, 40 g Butterschmalz, 1 Zwiebel, Salz, Pfeffer, Semmelbrösel, Butter

Die Kartoffeln wie für die Gerösteten Erdäpfel zubereiten, in einer mit Butter bestrichenen und mit Semmelbröseln ausgestreuten Form goldgelb backen und auf eine Platte stürzen.

Apfelkren

3 große Äpfel, 10 g Butter, 1 Zitrone, Salz, 1 EL Zucker, 2 EL gerissener Kren (Meerettich)

Die Äpfel schälen, entkernen, in Spalten schneiden und mit dem nussgroßen Stück Butter, dem Saft einer halben Zitrone, dem Zucker und wenig Wasser kochen, bis der Apfel zerfällt. Abkühlen lassen und mit 2 EL frisch geriebenem Kren (Meerrettich) vermischen. Der Apfelkren wird lauwarm oder kalt gereicht.

Semmelkren

3 Semmeln, Suppe, 2 bis 3 EL geriebener Kren (Meerrettich), 1/8 l Obers (Sahne) oder Milch, 20 g Butter, Salz, Zucker

Die abgerindeten Semmeln in etwas Suppe einweichen. Die geweichten Semmeln unter ständigem Schlagen mit dem Schneebesen aufkochen lassen, bis eine glatte Sauce entsteht. Danach den Kren (Meerrettich), das Obers (die Sahne) und zuletzt das nussgroße Stück Butter einrühren. Mit Salz und einer Prise Zucker pikant abschmecken. Der Semmelkren wird warm gereicht.

Schnittlauchsauce

3 Semmeln, Milch, 2 Eigelb hart gekocht, Knoblauch, 1/8 l Öl, Salz, Zucker, Zitronensaft, 1 EL Sauerrahm (saure Sahne), 2 EL Schnittlauch

Die Semmeln entrinden, in wenig Milch einweichen und zusammen mit den Eigelb und einer Zehe Knoblauch mit dem Mixstab passieren. Das Öl tropfenweise dazufließen lassen. Mit Salz, Zucker und Zitronensaft abschmecken. Den Rahm dazugeben und knapp vor dem Servieren den klein geschnittenen Schnittlauch unterrühren. Die Schnittlauchsauce wird kalt gereicht.

Dillfisolen

Die österreichischen Fisolen sind grüne Schnittbohnen oder Stangenbohnen, sind die Fisolen weiß, dann werden sie Spargelbohnen genannt.

1 kg Fisolen (grüne Schnittbohnen), geputzt, ohne Fäden und Enden, 20 g Butter, 20 g Mehl, 1/4 l Rindsuppe, 1/4 l Sauerrahm (saure Sahne), Salz, Pfeffer, Zitronensaft, 2 EL Dill

Die Fisolen in etwa 2 cm lange Stücke schneiden. In Salzwasser knackig kochen, abseihen und eventuell kalt abschrecken. Butter in einer Pfanne erhitzen, Mehl beifügen, kurz anrösten und mit Suppe aufgießen. Mit dem Schneebesen glattrühren und einige Minuten köcheln lassen. Den Sauerrahm dazugeben, aber nicht mehr kochen lassen.

Diese Einmach (Sauce) über die Fisolen gießen, mit Salz, Pfeffer und etwas Zitronensaft abschmecken. Zum Schluss den Dill unterrühren und nochmals kurz aufkochen.

Gurkengemüse

2 Salatgurken, Butterschmalz, 1 mittlere Zwiebel, Salz, Pfeffer, 1 TL Zucker, 1 EL Dill, Bouillon, ¼ l Creme fraîche

Die Gurken schälen, halbieren, die Kerne entfernen und in ca. 1 cm dicke Stücke schneiden.

Die klein gewürfelte Zwiebel in Butterschmalz andünsten, ohne dass sie Farbe annimmt. Die Gurkenstücke dazugeben, mit wenig Bouillon aufgießen und dünsten, bis sie bissfest sind. Vorsichtig salzen, pfeffern und mit Zucker abschmecken. Die Creme fraîche untermischen und fein gehackten Dill dazugeben. Das Gurkengemüse wird warm gereicht.

Die Wiener Rostbraten

Der Rostbraten ist eine spezifisch österreichische Zubereitungsart von Rindfleisch, wenn es nicht als Siedfleisch, also gekocht, auf den Tisch kommt. Es gibt ihn mit Zwiebeln oder Knoblauch – den Vanille-Rostbraten –, mit Sardellen oder mit Gurkerln als Znaimer Rostbraten. Den Esterházy-Rostbraten mit klein geschnittenem Wurzelwerk, den Tegetthoff-Rostbraten mit Scampi und Oliven oder als Hunyadi-Rostbraten, ein gerollter Rostbraten mit Makkaroni-Schinken-Füllung.

Der Zwiebelrostbraten als die klassische Form dieser variantenreichen Zubereitungsart des Roastbeefs, wird auch als »Wiener Rostbraten« bezeichnet.

Zwiebel-Rostbraten

4 Scheiben Rostbraten je ca. 150–180 g, Salz, Pfeffer, scharfer Senf, 4 Zwiebeln, 50 g Butterschmalz oder eine Mischung aus Öl und Butter, Rindsuppe, etwas Mehl

Die Rostbraten klopfen, die Ränder leicht einschneiden, pfeffern und salzen. Auf einer Seite mit Senf bestreichen. Butterschmalz erhitzen, Rostbraten mit der Senfseite nach unten ins heiße Fett legen, wenden und nach dem Braten, wenn das Fleisch innen noch rosa ist, auf eine vorgewärmte Platte legen.

Den Bratrückstand mit wenig heißer Rindsuppe oder Wasser aufgießen, stark einkochen lassen und ebenfalls warm halten. Zwiebel schälen, in Ringe schneiden, in wenig Mehl wenden. Fett erhitzen, die Zwiebelringe darin goldgelb braten und auf Küchenkrepp abtropfen lassen.

Die Rostbraten auf Tellern anrichten, mit dem Bratensaft überziehen und mit den gerösteten Zwiebelringen bestreuen.

Dazu gibt es

Bratkartoffeln

8 speckige Kartoffeln, Salz, Öl und Butter

Die Kartoffeln waschen, schälen und in Viertel schneiden. In Wasser kurz einmal aufkochen, abtrocknen. In heißem Fett in der Pfanne im offenen Backofen bei starker Hitze goldbraun braten, wiederholt durchschütteln. Mit grobem Salz bestreuen und neben dem Rostbraten anrichten.

Vanille-Rostbraten

4 Scheiben vom Rostbraten, 6 Knoblauchzehen, 4 EL Butter, ¼ l Rindsuppe, Butterschmalz zum Anbraten, Mehl zum Stauben, Pfeffer, Salz

Knoblauch – der in Wien Vanille heißt – schälen und klein hacken. Die Rostbraten klopfen, die Ränder einschneiden, mit Pfeffer und Salz und einem Teil des Knoblauchs einreiben, anschließend auf beiden Seiten in Mehl wenden. In der Pfanne Butterschmalz erhitzen und die Rindschnitzel beidseitig scharf anbraten. Aber immer darauf achten, dass das Fleisch innen rosig bleibt. Das Fleisch herausheben und auf eine vorgewärmten Platte legen.

Dann das Bratenfett mit 2 EL Butter aufschäumen lassen und den restlichen Knoblauch bei geringer Hitze andünsten. Mit Rindsuppe aufgießen und das Fleisch wieder einlegen und kurz mitdünsten.

Die restlichen 2 EL Butter in die Sauce einrühren und mit Pfeffer und Salz abschmecken.

Girardi-Rostbraten

Alexander Girardi war ein bekannter Schauspieler und Freund der Schratt.

4 Rindschnitzel, am besten vom Rieddeckel, Salz, Pfeffer, 1 Zwiebel, 1/8 l Weißwein, 1/4 l Suppe, 40 g Butterschmalz, 20 g Butter, 50 g Selchspeck, 100 g Champignons, Kapern, 1 Zitrone, Petersilie, 1 EL Mehl, 1/4 l Sauerrahm (saure Sahne), Senf

Die Rindschnitzel klopfen, den Fettrand mehrmals einschneiden, salzen, pfeffern und in heißem Fett auf beiden Seiten rasch anbraten und dann warm stellen.

Im Bratrückstand die fein geschnittene Zwiebel goldbraun anrösten, mit dem Weißwein ablöschen, mit der Suppe aufgießen und die Rindschnitzel darin weich dünsten.

Selchspeck, Champignons, Kapern, Zitronenschale und Petersilie fein hacken und in heißer Butter anschwitzen, mit dem Mehl stauben, die Hälfte vom Sauerrahm zugeben, alles auf die Rindschnitzel geben und fertig dünsten. Zum Schluss mit Senf und Zitronensaft abschmecken. Jedes Rindschnitzel mit der Gemüse-Rahmmischung überziehen und mit gehackter Petersilie bestreuen. Als Beilage gibt es Serviettenknödel.

Serviettenknödel

4 Semmeln vom Vortag, ca. 1/4 l Milch, 3 Eier, 70 g Butter, Salz

Die kleinwürfelig geschnittenen Semmeln in einer Schüssel mit der zerlassenen Butter übergießen. Eigelb, Milch, Salz und etwas Muskat verquirlen und über die Semmelwürfel gießen. Die Masse zusammendrücken und ca. eine halbe Stunde ziehen lassen. Das Eiweiß steif schlagen und unterziehen.

Die Masse in einem Küchentuch (oder in Küchenfolie oder Alufolie) zu einer länglichen Wurst von etwa 7 cm Durchmesser rollen und die Enden mit einer Schnur zubinden.

In kochendes Salzwasser legen und ungefähr 30 Minuten ziehen lassen. Nach dem Herausnehmen einige Zeit ruhen lassen und mit kaltem Wasser abschrecken. Dadurch löst sich die Serviette leichter. Den Knödel in ca. fingerdicke Scheiben schneiden.

Kein Bedarf an Gemüse

Für den Kaiser war die Einnahme von Mahlzeiten eine gesellschaftliche Notwendigkeit. Er hatte kaum Lieblingsgerichte, wenn man vom gekochten Rindfleisch absieht. Sein Bedarf an Gemüse – der Zuspeis, wie es in Wien hieß – war überschaubar. Aber es gab ein Gemüse, das man sogar als Lieblingsgericht bezeichnen kann und das bei keiner Mahlzeit der Saison fehlen sollte: Spargel. Und der Kaiser aß ihn *à la nature* »im Bündel«.

Im »Appetit-Lexikon« von Robert Habs und Leopold Rosner aus dem Jahr 1894 wird der Spargel als »Kaisergemüse« bezeichnet.

Asperges en branches – Spargel im Bündel

Mit dem Spargelschäler einige Zentimeter unter dem Spargelkopf beginnend die Stangen in großzügigen Bewegungen schälen. Die Spargelstangen in möglichst gleich große Bündel binden, die eventuell trockenen und härteren Enden gerade abschneiden. In kochendes Salzwasser etwas Zucker und ein Stück Butter geben und die Spargeln darin ca. 15 Minuten kochen.

Sobald die Spargelköpfe weich sind und sich mit einer Bratennadel leicht durchstechen lassen, die Spargeln vorsichtig herausheben, damit die Köpfe nicht abbrechen.

Auf Küchenpapier abtropfen lassen und das Band, mit dem die Spargeln gebündelt wurden, entfernen.

In Wien wurden Spargeln gerne »à la polonaise« – auf polnische Art – mit in Butter gerösteten Bröseln serviert. Oder man reicht dazu Saucen.

Sauce Hollandaise & Holländische Sauce

1/8 l Weißwein, 3 Pfefferkörner, 1 Lorbeerblatt, 1 Schalotte, 250 g Butter, 30 g Trüffelbutter, 3 Eigelb, Pfeffer, Salz, Muskat, Zitrone

Weißwein mit den Pfefferkörnern, dem Lorbeerblatt und der klein gewürfelten Schalotte aufkochen, auf die Hälfte reduzieren und abseihen. Die Butter klären, den Schaum abschöpfen und etwas abkühlen lassen.

3 Eigelb, Pfeffer, Salz, etwas Muskat und die Trüffelbutter im Mixer aufschlagen, während des Rührens langsam die Weinreduktion zugießen und langsam die warme Butter hinzufügen. Mit einem Spritzer Zitronensaft abschmecken.

Mit einer Prise rotem Chili bekommt die Sauce einen besonderen Reiz, der den Eigengeschmack der Spargeln hebt.

Sauce Maltaise

Bei der Maltesersauce wird die Sauce Hollandaise mit abgeriebener Orangenschale aufgekocht und mit Blutorangensaft gewürzt.

Beim Trinken beeilen

»Auch beim Trinken muss man sich beeilen. Man konnte beobachten, wie der Ministerpräsident Wekerle auch die Gläser des neben ihm sitzenden kroatischen Ministers Josipovich leerte, der keinen Wein trank«, schreibt ein ungarischer Diplomat in seinen Erinnerungen.

Auf den Menüs der Hofdiners wurden neben den Speisen auch die Weine angeführt, die dazu gereicht wurden.
Zur Suppe: *Chablis*
zur Vorspeise, den Hors d'oeuvres: *Rheinwein*
zum Fisch: *Bordeaux*
zum Boeuf, gebratenem Rindfleisch, den Entrées, Braten mit Salat, Gemüse oder Kompott: *Sherry oder Madeira*
zur Mehlspeise: Süßweine wie *Tokajer oder Lacrimae Christi*
nach Käse, Eis und Dessert: *Schwarzer Kaffee und Likör*

Die Weinvorräte der Hofkellerei waren gewaltig. Zu Ende der Monarchie, als der Hof wieder einmal nahezu zahlungsunfähig war, rettete der Weinkeller noch einmal die Staatsfinanzen. Als im Frühling 1918 alle Gehaltszahlungen mangels Barem eingestellt wurden, verkaufte das Oberhofmeisteramt die Lagerbestände an Tokajer an eine Berliner Weingroßhandlung um 15 Millionen Kronen (heute etwa 4 Millionen Euro).

Auf einer Menükarte für ein Essen mit der »Gnädigen Frau« hat der Kaiser die Mehlspeise – Grießknödel mit Zwetschkenröster – gestrichen und dafür Eis und »Champagne sec« eingesetzt.

Dass das für den Kaiser kein Alltagsgetränk war, wie es heute bei jeder Schickimicki-Party sprudelt, zeigt ein Brief des Kaisers vom November 1887: *»An diesem Tag speiste ich mit der Kaiserin und Valerie allein und war sehr erstaunt, Champagner-*

gläser auf dem Tisch stehen zu sehen, da wir uns gewöhnlich den Luxus dieses Weines nicht gönnen.«

Auf Anraten seines Leibarztes Dr. Kerzl trank der Kaiser zwei Mal wöchentlich, am Sonntag und am Donnerstag, ein Glas französischen Champagner Moët & Chandon.

Meist bevorzugte der Kaiser Bier. Bayerisches Spaten-Bräu, Dreher'sches Märzenbier, Schwechater Bier vom Fass oder ein Glas tschechisches Pilsner.

Zum Abschluss der Hofdiners gab es Mokka, den starken schwarzen Kaffe. Der verwendete Kaffee war eine besondere Sorte, den der Sultan an Franz Joseph schickte. Ein Kaffee, den es, wie die zeitgenössische Chronik vermerkt, *»nicht im Handel gibt, höchstens befreundete Fürsten erhalten etwas davon geschenkt«*.

Der Kaiser beschloss jede Mahlzeit mit einem starken schwarzen Kaffee. Die Vorliebe des Kaisers für Kaffee war auch Grundlage mancher Anekdote. Und sehr bald gab es auch eine Kaiser-Melange in den Wiener Kaffeehäusern.

Kaiser-Melange

Ein verlängerter (also nicht so konzentrierter) Kaffee wird statt mit Milch mit einem Eigelb und zwei Kaffeelöffel Honig – und gelegentlich mit einem Stamperl (Likörglas) Cognac versetzt und so in die goldbraune Farbe melangiert (gemischt). Serviert wird dieser Kaffee in einer großen Mocca-Schale.

So soll der alte Kaiser einmal hochderoselbst in einem Wiener Café eine *»Kaiser-Melange«* bestellt haben. Diese wurde ihm serviert, und nach alter Wiener Sitte – nach der man abkassiert, wo es leicht geht – verrechnete der Ober dem Hohen Herrn dafür eine deutlich überhöhte Summe. *»Ist denn der Kaffee bei Ihnen so rar, dass er so teuer ist?«*, fragte Franz Joseph. *»Nein, Majestät«*, beteuerte die Kaffeesiederin, *»der Kaffee ist nicht rar – aber der Besuch des Kaisers!«*

Die falschen Kaiser

Der erste Kaiser in Österreich, der keiner war, war eine Sie, die Erzherzogin von Österreich, Königin von Ungarn und Böhmen. Sie heiratete den späteren Kaiser Franz I. Und so wie in Wien die Frau des Medizinalrats die Frau Doktor wurde und die Frau des Straßenbahnschaffners die Frau Kondukteur wurde Maria Theresia im allgemeinen Sprachgebrauch zur Kaiserin.

Im 18. Jahrhundert entstand ein richtiges Getümmel an Kaisern. Da war der Kaiser Franz II., der gleichzeitig Franz I., Kaiser von Österreich, wurde, weil Napoleon sich als Kaiser der Franzosen krönte. Der 18-jährige Franz Joseph wurde Kaiser, nachdem er ziemlich brutal die Revolution von 1848 niedergeschossen und niedergeschlagen hatte. Und im Deutschen Reich entstand 1871 auf Initiative Bismarcks mit Wilhelm I. das deutsche Kaisertum.

»Kaiser« war eine gute Marke, die sich auf alles, was als edel, außerordentlich und teuer verkauft werden sollte, anwenden ließ. Es entspricht dem »superoberaffengeil« der heutigen Werbesprache.

- Kaisersemmel
- Kaiserschöberl
- Kaiserfleisch
- Kaisergulasch
- Kaiseromelette
- Kaiserbier
- Kaiserschmarrn
- Kaisersuppe
- Kaisererdäpfel
- Kaiserschnitzel
- Kaisergranat
- Kaiserwein
- Kaiserbirne

Das geadelte Huhn

Zahlreiche bürgerliche Gerichte und Speisen der so genannten Hausmannskost wurden mit einer »Kaiser«-Beifügung umgetauft und so in den allerhöchsten Stand erhoben.

Auf dem Speiszettel des Hotels »Wilder Mann« in Passau, in dem Kaiserin Elisabeth sich mehrmals aufhielt, wurde am 8. September 1862 die »Suppe von einer Henne« – die klassische Hühnerkraftbrühe – von Anna Niederleuthner kurzerhand zur »Königinsuppe« geadelt.

Suppe von einer Henne – Königinsuppe

Man stoße das Fleisch von einer Henne mit 6 hartgesottenen Eierdöttern, eine Hand voll geschälter Mandeln sehr fein, dann setze in eine gute Fleischbrühe eine Semmel darein, lass es recht gut kochen, dann ein wenig vor dem Anrichten das gestoßene von der Henne hinein, dann lass es nur gut heiß werden. Durch ein Sieb passieren und richte es über fein würflicht geschnittenes Brot an.

Zum Nachkochen ein moderneres Rezept:

Geflügelbrühe

1 Suppenhuhn und Hühnerklein, 2½ l kaltes Wasser, Suppengrün, 1 kleine Zwiebel mit Schale, Salz, Schnittlauch, Petersilie

Das ganze ausgenommene Huhn und das Suppengrün im leicht gesalzenen, kalten Wasser ansetzen. Die Zwiebel halbieren und mit der Schnittfläche auf einer Alufolie auf der Herdplatte bräunen und dazugeben. Nicht zugedeckt sehr langsam – ca. 2 bis 3 Stunden – kochen. Die Suppe abseihen, wenn das Fleisch sich leicht vom Knochen lösen lässt.

Diese klare Geflügelbouillon kann mit dem klein geschnittenen

Suppenfleisch (ohne Haut) und Wurzelwerk und feinen Suppennudeln gereicht werden oder ist die Basis für die Geflügelkraftbrühe.

Kaisersuppe

Neben der Königinnen-Suppe gibt es natürlich auch eine Kaisersuppe, die sich durch ein breites Spektrum an Zutaten auszeichnet.

Ca. 100 g Butter, 80 g Mehl, 2½ l Kalbsfond, 1 Kalbszunge, ½ Kalbsbries, ½ gekochtes Huhn, 1 Wurzelwerk, 1 Zwiebel, 4 frische Artischockenböden, ½ kleiner Karfiol (Blumenkohl) 30 g getrocknete Pilze, 3 EL grüne Erbsen, Salz, Pfeffer, Muskat, 1/16 l Obers (Sahne), 1 Eigelb, Suppe zum Aufgießen, Petersilie

Aus Mehl und Butter eine lichte Mehlschwitze machen, mit dem Kalbsfond aufgießen und ca. 30 Minuten kochen.

Die Kalbszunge in Salzwasser weich kochen, abziehen und kleinwürfelig schneiden. Das Wurzelwerk, die Artischocken und den Karfiol (Blumenkohl) kleinwürfelig schneiden und zusammen mit den eingeweichten Pilzen und Erbsen und der fein geschnittenen Zwiebel in heißer Butter andämpfen. Das Kalbsbries blanchieren und klein schneiden und zusammen mit der Kalbszunge dazugeben. Salzen, pfeffern und mit Muskat würzen, alles anrösten und mit etwas Suppe aufgießen. Weichdünsten, dann das kleinwürfelig geschnittene Hühnerfleisch zugeben und alles in die Suppe geben. Abschmecken und mit Obers (Sahne) und einem Eigelb legieren. Mit fein gehackter Petersilie bestreuen.

Zu Sisis Zeiten servierte man die Kaisersuppe mit pochierten Eiern oder Kaiserschöberl als Einlage.

Kaiserschöberl

80 g Butter, 4 Eier, 2 EL Obers (Sahne), 100 g griffiges Mehl, Salz, Muskat, Reibkäse

Die Butter abtreiben und mit den 4 Eigelb schaumig rühren. Leicht salzen, etwas Muskat dazu reiben, Obers (Sahne) dazugeben, zuletzt Mehl und Schnee von 4 Eiweiß vorsichtig unterheben. Geriebenen Käse dazugeben.

Die Masse fingerdick in eine flache, gut befettete und mit Bröseln ausgestreute Form leeren und bei mäßiger Hitze goldgelb backen. Die fertigen Schöberl stürzen und nach dem Abkühlen in rautenförmige Stücke schneiden.

Kaiserschnitzel

Das Kaiserschnitzel ist eigentlich das gute Wiener Rahmschnitzel, gekrönt mit Kapern.

4 Kalbsschnitzel vom Kaiserteil (Kalbsschlegel, Keule) à ca. 150g, Salz, 60g Butterschmalz, 50g Butter, 10g Mehl, 1 EL Kapern, 1 kleine Zwiebel, Zitrone, 1/8 l Bouillon, 1/8 l Sauerrahm (Saure Sahne)

Die Kalbsschnitzel klopfen und salzen. Das Butterschmalz erhitzen, die Schnitzel darin auf beiden Seiten langsam goldbraun braten. Schnitzel herausnehmen und warm stellen. Im Bratensatz Butter aufschäumen, mit Mehl stauben, durchrösten, den Sauerrahm (die Saure Sahne) zugeben und mit der Bouillon aufgießen.

Die grob gehackten Kapern und hauchdünne Zesten von der Zitronenschale zugeben und mit Zitronensaft abschmecken.

Dazu gibt es Reis oder Bandnudeln.

Gollasch, Gulyas oder Gulasch

Eines der bekanntesten Wiener Rindfleischgerichte ist das Saftgulyas. Von dem jeder glaubt zu wissen, wie es zubereitet wird, aber kochen können es nur die Wiener, glauben die Wiener.

Wann immer ich in einer der zahlreichen Kochsendungen im deutschen Fernsehen einen peinlich betretenen Koch sich entschuldigen sehe, hat er entweder die Hände nicht gewaschen oder kocht Gulasch. Denn sein Gulasch sei sicher nicht so, wie die Wiener es machen.

Das fängt schon bei der Schreibweise an. Das Wort kommt vom ungarischen *gulyás,* und das bedeutet »Rinderhirte«. Das

Gulasch heißt in Ungarn nämlich *Pörkölt*, aber dazu an anderer Stelle mehr. Die Wiener nannten es zuerst *»Ungarisches Kolaschfleisch«* nach einem Prager Rezept von 1819, Elisabeth Stöckl schreibt 1853 *»Gollasch«*, 1889 findet die »Praktische Wiener Köchin« zum ungarisierenden *»Rinds-Gulyas«*. Und im Appetit-Lexikon von 1894 steht: *»Gulasch, richtig Gulyás, sprich Guljaasch.«*

Und so wird es zubereitet:

Wiener Saftgulasch

1 kg Rindfleisch, am besten Wadschinken (Hesse), 1 kg Zwiebel, 3 EL (40–50 g) Paprikapulver edelsüß, 1 EL Tomatenmark, 1 TL Kümmel, 1 Knoblauchzehe, 1 TL Majoran, Salz, Essig, Öl (im Original 150 g Schweineschmalz)

Die Zwiebeln fein schneiden und in einem großen Topf in heißem Fett goldgelb anrösten. Das Paprikapulver auf die Zwiebeln streuen und einen Schuss Essig beigeben. Das Fleisch in nicht zu kleine Würfel schneiden und dazugeben, etwas salzen und kurz anrösten. Das Tomatenmark, den gepressten Knoblauch, den Kümmel und den Majoran einrühren, sofort mit ½ l Wasser ablöschen und zugedeckt ca. 2 Stunden im eigenen Saft dünsten. Gelegentlich etwas Wasser zugeben, wenn der Saft zu fest wird. Auf keinen Fall zu viel Wasser, da das Fleisch sonst kocht und nicht dünstet. Wenn das Fleisch kernig weich ist, so viel Wasser zugeben, dass das Fleisch knapp bedeckt ist. Die Zwiebeln sind völlig zerkocht und geben die gewünschte Bindung, das Fett steigt an die Oberfläche und bildet den legendären paprikaglänzenden »Spiegel«. Zum Gulasch isst man am besten eine resche, knusprige Kaisersemmel.

Kaisergulasch

Für das Kaisergulasch wird statt des für das Gulasch besonders geeigneten Wadschinkens – weil er gut gelierende Knorpel aufweist – der feine und teure Lungenbraten (Rindsfilet) verwendet. Der Hofkoch verwendete dafür ca. 500 g Abschnitte vom Lungenbraten, die so genannten Parüren, und entsprechend weniger Zwiebel. Die Kochzeit ist geringer, da das Fleisch schneller weich wird. Und für dieses Lungenbratengulasch wird gelegentlich mit der Hälfte Wasser und einer Hälfte Rotwein aufgegossen.

Fiakergulasch

Bei aller Qualität der Zutaten des Kaisergulasch hatten es die Fiaker besser. Für die wurde eine besonders üppige Gulasch-Variante erfunden.

Die wienerischen Mietkutschen, die *Zeugln*, die in Berlin Pferdedroschken hießen, waren nach dem irisch-französischen Heiligen *St. Fiacre* benannt, vor dessen Kirche in Paris sich im 17. Jahrhundert der erste Standplatz von Mietkutschen befand.

Das klassische Saftgulasch wird mit Salzkartoffeln (oder Semmelknödeln), einem Einspänner, das ist ein einsames Frankfurter Würstel, die ja sonst nur als Paar gegessen werden, einem fächerig aufgeschnittenen Essiggurkerl und einem Spiegelei garniert.

Kaisersemmel

Spätestens jetzt muss ich über die Backlegende aus Wien sprechen, die Kaisersemmel, die zwar so heißt, aber bei Hofe nie so genannt wurde.

Das Frühstücksbrötchen für den kaiserlichen Tisch war einfach eine Semmel unter manchem anderem, wie man aus der Anweisung *»Ausmaß der Mahlzeiten«* (siehe Seite 61) ersieht. Aber die Legende machte eine »Kaisersemmel« daraus.

Dieses knusprige Stück Weißbrot hatte eine Qualität, die man heute weder bei den »Handsemmeln« und schon gar nicht bei den »Maschinsemmeln« schmecken kann.

Franz Maier-Bruck braucht für das Semmel-Rezept 15-mal so viel Text wie z. B. für den Kranzkuchen.

Dabei besteht eine Semmel nur aus Wasser, Milch, glattem

Weizenmehl (Typ 700), Butter, Germ (Hefe), Salz, Malzextrakt und Zucker. Aber wie das gemischt werden muss, damit die Hefe nicht mit dem Salz in Berührung kommt oder mit dem Fett! Dann wird der Teig geschlagen und muss dazwischen insgesamt viermal ruhen, die Zeit dafür richtet sich nach der Raumtemperatur. Dann kommt es darauf an, wie die Teigstücke geformt, gefaltet, mit der Hand geklopft und niedergehalten werden. *»Dieses Niederhalten muss mit Gefühl erfolgen: junge Teige schwach, ältere Teige dagegen fester niederhalten.«* Auf keinen Fall dürfen diese Semmelrohlinge in Zugluft geraten, ui jegerl, das ist schlecht. Eine Kaisersemmel muss resch sein, das heißt, sie muss krachen, wenn man sie auseinander bricht oder hineinbeißt.

Auf der Reise der Kaiserin nach Frankreich waren Hofzuckerbäcker in der Entourage, die dreimal täglich aus mitgeführtem feinen ungarischen Mehl für frische Semmeln sorgten.

Der Absolvent der Offiziersschule in Wien, der Khedive Abbas Himy Pascha, wollte sie unbedingt in der Wiener Qualität auch bei sich zu Hause in Kairo haben. 1899 ließ er einen eigenen Backofen dafür bauen und einen Hofzuckerbäcker aus Wien kommen. Aber es wurde nichts daraus. Man gab dem Nil-Wasser die Schuld daran, dass die Kaisersemmel so schmeckte wie heute jede Semmel aus Fertigbackmischung in Wien auch.

Kaiserfleisch

Das Kaiserfleisch kann mit Recht so heißen. Denn bevor der Kaiser zum royalen Testimonial für das gekochte Rindfleisch wurde, bevorzugte er das Selchfleisch. Dem österreichischen »G'selchten« entspricht am ehesten das deutsche Kasseler, das ausgelöste, sanft gepökelte und geräucherte Stück Schweinefleisch vom Kotelettstrang. Nur soll das wienerische Gegenstück dazu nicht zu trocken, also fein mit Fett marmoriert sein.

Jetzt versteht man unter Kaiserfleisch vor allem fetteres geselchtes oder gepökeltes Schweinefleisch von Bauch und

Brust: das »Selchbrüstl« und das heiß geräucherte »Gselchte Bauchfleisch«.

Das Kaiserfleisch wird gekocht warm mit Sauerkraut und Serviettenknödeln serviert. Oder als kaltes Aufschnittfleisch.

Kaiserschlegel

800 g Kalbsschlegel (ein Stück vom Kaiserteil oder von der Nuss aus der Keule), Salz, 50 g Speck, 50 g Schinken, 40 g Fett, Mehl, ¼ l Rahm (Sahne), 3 Sardellenfilets, Kapern, Petersilie, Zitrone

Den Schlegel salzen, mit Speck und Schinken spicken und zusammengerollt binden. In einer Pfanne halbfingerhoch Wasser erhitzen, das Fleisch hineingeben, mit dem Fett begießen und in den heißen Backofen stellen. Unter häufigem Begießen ca. eine Stunde goldbraun braten. Den fertigen Braten warm stellen und vor dem Servieren in ca. 1 cm dicke Scheiben schneiden.

Den Bratenrückstand mit ganz wenig Mehl stauben und mit dem Rahm aufgießen. Sardellen, Kapern und Petersilie fein hacken und zur Sauce geben. Mit Zitronensaft, Salz und Pfeffer abschmecken und kurz aufkochen. Die fertige Sauce über den Braten gießen.

Kaisergranat

Am 8. September 1862 gab es im Gasthof »Wilder Mann« in Passau für *Ihre Mayestät Kaiserin Elisabeth von Österreich, Frau Herzogin Max von Bayern und die Königin von Neapel* ein Damenessen. Im Speisezettel wird nach der Königin-Suppe angeführt: *Seekrebs mit Majones.*

Der »Seekrebs« ist das, was bei uns gemeinhin als Scampi geführt wird und auf deutsch offiziell »Kaisergranat« heißt. Die Bezeichnungen *Schlankhummer, Kaiserhummer, Schlauchhummer und Tollhummer* dürfen heute im Handel nicht mehr verwendet werden, obwohl der Kaisergranat mit dem Hummer durchaus verwandt ist.

Aber wer braucht »Hummer«, wenn es ein so schönes Wort wie Kaisergranat gibt.

Sein Panzer besitzt eine helle lachsrote Färbung, die sich auch beim Kochen der Tiere nicht wesentlich verändert. Gegessen wird das helle Schwanzfleisch, das angenehm leicht süßlich ist.

Der Kaisergranat ist sehr vielfältig in der Küche zu verwenden. Man kann ihn grillen, braten und kochen. Die ausgebrochenen Panzerstücke, die Karkassen, werden für Hummer- oder Krebssuppen und -saucen verwendet und für die Herstellung von Krebsbutter.

Oder man isst ihn, wie er für Sisi und die hochwohlgeborenen Damen zubereitet wurde: mit Mayonnaise oder besser mit Sauce Hollandaise (siehe Rezept Seite 74).

Kaisererdäpfel

½ kg Kartoffeln, 120 g Butter, 2 Eier, Salz, ⅛ l Rahm (Sahne), Semmelbrösel

Am Vortag gekochte Kartoffeln schälen und auf der Reibe grob reißen. Die Butter mit den Eigelb schaumig rühren, die Kartoffeln, Salz und Rahm dazumischen. Zuletzt aus den 2 Eiweiß Schnee schlagen und unterziehen. Das Ganze in eine eingefettete, mit Bröseln ausgestreute Form füllen und ca. 45 Minuten bei mittlerer Hitze backen. Die fertigen Kaisererdäpfel stürzen und mit gemischtem Salat servieren.

Vom Kaserschmarrn zum Kaiserschmarren

Die seltsamste Geschichte ist die Entstehung des »kaiserlichen« im Kaiserschmarrn.

Der Schmarren ist ein einfaches bäuerliches Pfannengericht, das gemeinsam direkt aus der Pfanne gelöffelt und gegabelt wird – heute der Höhepunkt eines urigen touristischen Hüttenabends auf der Alm, den der Kaserer, der Senn, zubereitet. Die Basis aller Schmarren-Variationen ist Mehl oder Grieß, in Fett geröstet.

Bei einem der Aufenthalte Elisabeths in Bad Ischl ließ sich der k. u. k. Küchenchef etwas Leichtes für die Kaiserin einfallen. Es war bekannt, dass Sisi Probleme mit den Zähnen hatte, also kochte er einen flaumigen Schmarren. Eine einfache Süßspeise aus Milch, Mehl und Eiern, die Edelversion eines Kaserschmarrns.

Er verfeinerte das Gericht mit Rosinen – weswegen Sisi den Schmarrn überhaupt nicht mochte. Aber der Kaiser war höchst angetan und vermutete, dass der Koch ihm zu Ehren die neue Mehlspeise »Kaiserschmarren« genannt habe. Ein Missverständnis, das auf einem Hörfehler beruht, führte zu einer der bekanntesten österreichischen Spezialitäten.

Und hier das Rezept:

120 g Mehl, 30 g Zucker, Salz, 4 Eier, ¼ l Milch, 50 g Butterschmalz, Vanillezucker, 30 g Rosinen, Staubzucker zum Bestreuen

Mehl, Zucker, Vanillezucker, Salz und die Eigelb mit der Milch zu einem glatten, dickflüssigen Teig verrühren. Die Eiweiß zu einem steifen Schnee schlagen und unter den Teig ziehen. Das Butterschmalz in einer Pfanne flüssig werden lassen, den Teig ca. 3 cm hoch eingießen, anbacken, mit den Rosinen bestreuen, anschließend wenden und bei mäßiger Hitze im Ofen ca. 15 Minuten fertig backen. Danach mit der Gabel in ca. 3–4 cm große, unregelmäßige Stücke zerreißen und kurz anbacken.

Den Schmarren auf einer Platte anrichten, mit Zucker bestreuen und mit Zwetschkenröster oder Kompott servieren.

Zwetschkenröster

Es ist ein dem Außerösterreicher kaum zu erklärender Unterschied zwischen einem Zwetschgenkompott und einem Zwetschkenröster.

Beim Zwetschgenkompott werden die Früchte mit Zucker in kochendem Wasser ziehen gelassen. Aus.

Zwetschkenröster ist an der Traumgrenze zwischen Powidl (Pflaumenmus) und Kompott angesiedelt.

1 kg Zwetschken, 200 g Zucker, 1/8 l Wasser, Nelken, Zimtrinde, Zitrone, Zwetschgenwasser

Das Wasser mit den Gewürzen kurz aufkochen. Die halbierten, entkernten Zwetschken dazugeben und unter wiederholtem Umrühren so lange kochen, bis die Schalen anfangen sich einzurollen und die Früchte zu zerfallen beginnen. Ein Schluck Zwetschkenschnaps – der berühmteste in der Monarchie kam vom Balkan, der Slibowitz – lässt das Aroma im dickflüssigen Röster sich entwickeln.

Zwetschgenkompott

1 kg Zwetschgen, 1/2 l Wasser, 200 g Zucker, Nelken, Zimtrinde

Die Zwetschgen mit dem Kern waschen, mit der Gabel einstechen, damit die Haut nicht aufplatzt. Wasser mit Zucker, Zimtrinde und Gewürznelken aufkochen, die Zwetschgen einlegen und weich kochen. Die Gewürze herausnehmen. Die Früchte im leichten Kompottsaft auskühlen lassen.

Elisabeth – die Länderfürstin

Die allerhöchsten Herrschaften S.M. Kaiser Franz Joseph und seine Gemahlin I.M. Elisabeth waren nicht nur die k.k., also nicht nur Kaiser und Kaiserin von Österreich und König und Königin von Ungarn und Böhmen. Da ist im Laufe der vielhundertjährigen Geschichte der Habsburger einiges an Titeln, Würde, Kronen und Ländern zusammengekommen. Und vieles auch wieder verkommen.

Geblieben ist eine Multikulti-Küche. Das Habsburgerreich war nicht nur ein Schmelztiegel, sondern ein Kochtopf der Völker. Beamte, die auf sich hielten, konnten mehrere Sprachen. Neben dem Diplomatenfranzösisch mindestens eine slawische Sprache, Ungarisch, Italienisch und etwas Englisch.

So klang der Name S. M. des Kaisers Franz Joseph I. auf Italienisch *Francesco Giuseppe*, in Tschechisch *František Josef*, ungarisch *I. Ferenc József*, slowakisch *František Jozef I*, polnisch *Franciszek Józef*, serbokroatisch *Franjo Josip*, slowenisch *Franc Jožef*, ruthenisch-ukrainisch *Franc Josyp I.*

Die Köchinnen und Köche konnten böhmische und ungarische, spanische und welsche, italienische Kost.

Die Schulkinder der Monarchie mussten nicht nur das ABC und das kleine Einmaleins auswendig lernen, sondern auch den »Große Titel«, in dem der ganze Herrschaftsbereich aufgezählt wurde. Darunter auch Herrschaften, die schon seit Jahrhunderten nicht mehr existierten. Aber es schmückte eben:

Seine kaiserliche und königliche Apostolische Majestät
Franz Joseph I.
von Gottes Gnaden Kaiser von Österreich;

Apostolischer König von Ungarn;
König von Böhmen, von Dalmatien, Kroatien, Slawonien,
Galizien, Lodomerien und Illyrien; Lombardo-Venetien;
König von Jerusalem etc.
Erzherzog von Österreich;
Großherzog von Toskana und Krakau;
Herzog von Lothringen, von Salzburg, Steiermark, Kärnten,
Krain und der Bukowina;
Großfürst von Siebenbürgen;
Markgraf von Mähren;
Herzog von Ober- und Nieder-Schlesien, von Modena,
Parma, Piacenza und Guastalla,
von Auschwitz und Zator, von Teschen, Friaul, Ragusa und Zara;
gefürsteter Graf von Habsburg und Tirol, von Kyburg,
Görz und Gradiska;
Fürst von Trient und Brixen;
Markgraf von Ober- und Nieder-Lausitz und in Istrien;
Graf von Hohenembs, Feldkirch, Bregenz, Sonnenberg etc.;
Herr von Triest, von Catarro und auf der windischen Mark;
Großwoiwode der Woiwodschaft Serbien etc. etc.

Diese Herrschaftsbereiche waren geografisch ein ziemliches Durcheinander und gastronomisch eine wunderbare gegenseitige Ergänzung. Alles fließt dabei ineinander, auch die damaligen Landes- und Herrschaftsgrenzen in mehrere gegenwärtige Staaten. Die *»Windische Mark«* zum Beispiel ist ein historisches Gebiet, das Teile von Kärnten, der Krain und der Steiermark umfasste. Heute ist die Windische Mark zwischen Österreich, Slowenien und Italien aufgeteilt.

Österreich

Von Gottes Gnaden Kaiser von Österreich;
Erzherzog von Österreich;
Herzog von Salzburg, Steiermark, Kärnten,
Herr auf der windischen Mark;
gefürsteter Graf von Tirol,
Graf von Hohenembs, Feldkirch, Bregenz, Sonnenberg etc.

Die Steiermark

Von 1867 bis 1918 war sie Kronland der Österreichisch-Ungarischen Monarchie. Lange Zeit galt die Steiermark als Armenhaus der Nation, bis Erzherzog Johann die Landwirtschaft nahezu revolutionär erneuerte. Als eines der bedeutendsten kulinarischen Leitprodukte gilt das Kürbiskernöl, dessen Produktion erstmals 1735 erwähnt wurde. Es ist ein dunkles, schwarzes, aus den Kernen der Kürbisse gepresstes Öl von nussigem Geschmack. Aus zwanzig großen Kürbissen werden zweieinhalb Kilo Kerne *»gepatzelt«*, woraus ein Liter Kernöl kalt ausgepresst wird. Der hohe Prozentsatz an ungesättigten Fettsäuren und Vitamin B soll vor Prostata- und Blasenleiden schützen und bei der Krebsvorbeugung helfen.

Von großer Bedeutung ist die Qualität des Wassers in der Steiermark. Von den »Sieben Quellen« der Obersteiermark aus wurde eine Hochquellwasserleitung nach Wien errichtet, was den Wienern bis heute die beste Trinkwasserqualität unter Europas Hauptstädten liefert.

Bis 1873 war das Wasser aus dem »Schönen Brunnen« aus dem Park des kaiserlichen Schlosses in Wien, das davon den

Namen Schönbrunn bekam, das beste Wasser. Elisabeth nahm es auf ihre Reisen in verlöteten Kanistern mit.
Und der Kaiser trank sehr gerne den »*ungarischen Schillerwein*«, der eigentlich der steirische »Schilcher« ist. Dieser zwiebelfarbene, resche, trockene Roséwein wird nur aus steirischen blauen Wildbacher-Trauben gekeltert.

Schilcher-Erdäpfelrahmsuppe mit gerösteten Kürbiskernen

1 Zwiebel, 1 Stange Lauch, ¼ l Schilcher, ½ kg Kartoffeln, Majoran, Knoblauch, Salz, Muskat, ½ l Obers (Sahne), ¼ l Rindsuppe, Butterschmalz, Kürbiskernöl, Kürbiskerne

Zwiebel kleinwürfelig und Lauch in Ringe schneiden, in Butterschmalz anschwitzen, mit Schilcher aufgießen und einkochen. Obers (Sahne) und Rindsuppe dazugeben und würzen. Die Kartoffeln in Würfel schneiden und weich kochen lassen. Mit dem Mixstab in die Suppe pürieren. Kürbiskernöl nach Geschmack auf dem Teller über die Suppe gießen und mit gerösteten Kürbiskernen bestreuen.

Schilcher-Kräuterrahm-Rostbraten

Vier ca. 1 cm dicke Scheiben Rostbraten, Salz, Pfeffer, 100 g Schalotten, 80 g Essiggurkerl, 10 Kapern, 2 EL gehackte Kräuter (z. B. Petersilie, Schnittlauch, Kerbel, Estragon, Thymian), ½ Lorbeerblatt, 1/8 l Schilcher, 1/8 l Crème fraîche, 1/16 l Obers (Sahne), ca. 1/16 l Bratenfond, Öl

Die Rostbratenscheiben an den Seiten etwas einschneiden, leicht plattieren, salzen und pfeffern. In der Pfanne 2 EL Öl erhitzen. Rostbraten beidseitig so anbraten, dass das Fleisch innen noch rosa ist. Danach warm stellen.

In die Fleischpfanne einen EL Öl geben und darin die fein geschnittenen Schalotten, würfelig geschnittenen Essiggurkerl und Kapern gut durchrösten. Mit Schilcher ablöschen und etwas einkochen lassen. Bratenfond, Crème fraîche und Obers (Sahne) dazugeben. Mit Salz und Pfeffer würzen und zum Schluss die Kräuter beigeben. Vor dem Anrichten die Sauce mit dem Stabmixer durchmischen.

Das Fleisch auf vorgewärmten Tellern anrichten und mit der Sauce übergießen.

Kürbisgemüse

Ohne Kürbisse geht in der Steiermark nichts. Daraus lässt sich herrliches Gemüse kochen.

Je nach Größe 1–2 Speise-Kürbisse (Sorte Hokkaido, Muskat), 2 mittlere Zwiebeln, 2 Knoblauchzehen, Olivenöl, ¼ l Gemüsebouillon, Paprikapulver, Kümmel, Majoran, Salz, Pfeffer, Sauerrahm (Saure Sahne)

Den Kürbis schälen und grob raspeln. Die Zwiebel nudelig schneiden und in Olivenöl leicht anrösten, das Kürbisgemüse dazugeben, mit Paprika stauben, den gepressten Knoblauch, Kümmel, Majoran, Salz und Pfeffer dazugeben. Mit ¼ l Gemüsesuppe aufgießen und ca. 15 bis 20 Minuten bissfest dünsten. Das Gemüse darf nicht breiig werden. Abschmecken und 2–3 EL Sauerrahm zugeben.

Dazu gibt es gekochtes Rindfleisch oder Bratwurst oder die typischste steirische Wurst, die vom Herzogtum Krain – jetzt Teil Sloweniens – den Namen bekam. Dort heißt sie *Kranjska klobasa.*

Alles ist Wurst – Die Krainer

Zur Krainer gibt es eine wissenschaftliche Untersuchung – nicht über den Inhalt des Wurstbräts, das ist ein Geheimnis der wilden steirischen Bergvölker –, aber die eines Germanisten. Gregor Reti machte eine Untersuchung über die Verbreitung von Worten und fand heraus: Käsekrainer, die; Wortart

Substantiv, Wortbildung: *Kompositum*, Bedeutung: *Wurstsorte,* kennt man zu 100% in Österreich, zu etwa 80% in Bayern und zu 60% in Deutschland.

Die »Krainer« (in der Fleischer-Sprache Spitzenqualität) besteht aus einer gröberen Brätmasse aus Rindfleisch, Schweinefleisch, Speck, Schweinebäuchen und speziellen Gewürzen in Schweinsdärmen. Sie wird gebraten oder gegrillt.

Die wuchtige Vollendung dieser Bratwurst ist die »Käsekrainer«. Sie enthält grobe Stücke von Schmelzkäse, der beim Braten austritt und knusprig verkrustet. Der Sättigungsgrad durch den Verzehr der Käsekrainer ist beträchtlich, der Widerstand gegen die Verdauungssäfte bedeutend.

Burenwurst oder Klobasse

Die Burenwurst (= Bauernwurst) oder Klobasse (Kroatisch *Kobasic,* Ungarisch *Kolbasz)*, ist das eigentliche Volksnahrungsmittel der Reichshaupt- und Residenzstadt Wien. Es ist Fingerfood vor der Erfindung des *fingerfoods*, von den Wurstmachern als mittlere Qualität eingestuft. In Schweinsdärme wird mittelgrobe Brätmasse aus Rindfleisch, Schweinefleisch, Speck, Schweinskopffleisch, Schweinebacken und pikanten Gewürzen gefüllt. »*D'Haße*« (= die heiße Burenwurst), wie sie in der Umgangssprache am Würstelstand heißt, hat aber durch die modernen Lebensmittelgesetze viel an Substanz verloren. So darf sie keine Flaxen, Knorpel, Fleischabfälle und kein Kernfett mehr enthalten. Und das machte die eigentliche geschmackliche Besonderheit dieser monarchischen Wurstspezialität aus.

Die Burenwurst sollte nur gekocht gegessen werden und nicht gebraten. Besondere Feinspitze unter den Würstelstandbesitzern sieden sie überhaupt in Gemüsebouillon. Zum Beispiel beim Würstelstand am Wiener Südbahnhof, von wo man in den Süden fährt, in die Steiermark, nach Kärnten oder Slowenien, aber auch nach dem Osten, nach Ungarn. So kompliziert kann Geografie in Wien sein.

Hat man seine »*Haße*« bestellt, kommt der beliebte Quiz: »*Schneiden oder im Ganzen?*« Dann stellt sich die Frage nach der Senfsorte »*Süß oder scharf?*«. Es folgt »*Brot oder Semmel?*«, und wünscht man Brot, so ist die Entscheidung zu treffen: »*Wolln's a Scherzerl?*«. Die Beilagen, die eher der gastronomischen »Garnitur« entsprechen als einer Sättigungsbeilage, können sein: »*Ein Gurkerl?*«, »*Pfefferoni?*«, »*Scharf oder in Öl?*«

Die Burenwurst ist aber auch integrierter Bestandteil eines Gerichts, für das meine Mutter in Würfel geschnittene *Dürre* – eine sehr fette Armeleut-Wurst – verwendete, die aber mit hineingeschnittener Burenwurst populär ist.

Steirisches Backhuhn mit Erdäpfel-Vogerlsalat

Eine steirische Spezialität auf dem Höhepunkt der Werteskala ist ein ganz einfaches Huhn mit Salat. Das Backhenderl, in seiner unvergleichlichen Kombination von saftigem Fleisch und dünner, fester Panier, war ein Wohlstandssymbol und ein Volksvergnügen. In der »*Oesterreichischen National-Encyklopädie*« wird 1837 berichtet, dass allein in den zwei Wiener Prater-Lokalen 44.000 Portionen Backhendl verzehrt wurden.

In der Steiermark wird der Erdäpfelsalat aus »*Kipflern*« gemacht. Das ist eine Kartoffelsorte, die in Deutschland ab ca. 1870 »*Bamberger Hörnchen*« heißt, in Frankreich »*la ratte*« und wegen ihrer Spargel-nahen Form und Farbe in Dänemark »*Aspares*«. Gemischt wird dieser Salat aus eurogroßen Kartoffelscheiben mit »Vogerlsalat«, wie der Feldsalat oder Rapunzel hier heißt.

2 Freilandhühner, Eier, Mehl und Semmelbrösel (Weißbrotbrösel), 1 Bund Schnittlauch, 1 Zitrone, Öl, Zucker, Salz, Pfeffer

500 g fest kochende Kartoffeln (vorzugsweise Kipfler), 2 rote Zwiebeln, 2 Hand voll Vogerlsalat (Feldsalat), Balsamicoessig, Weißweinessig, Kernöl

Die Kartoffeln weich kochen. Noch heiß schälen und in Scheiben schneiden. Zwiebeln und Schnittlauch klein schneiden. Vogerlsalat (Feldsalat) putzen, waschen, abtropfen lassen.

Aus Weinessig, Zucker, Salz, Pfeffer und den roten Zwiebeln eine Marinade rühren. Mit den noch warmen Kartoffelscheiben vermischen.

Hühner vierteln und eventuell einen Teil der Knochen auslösen. Salzen, in Mehl wenden, in aufgeschlagenen Eiern und den Bröseln panieren und in reichlich heißem Butterschmalz langsam goldgelb backen. Herausnehmen und auf Küchenkrepp abfetten. Mit Zitronenvierteln servieren.

Den Vogerlsalat (Feldsalat) vorsichtig salzen, mit abgemischtem Kernöl und Balsamicoessig marinieren, mit dem Kartoffelsalat vermischen und mit Schnittlauch bestreuen. Der Salat soll lauwarm sein.

Schilcherroulade

Für den Schokoladenbiskuit: *90 g Zucker, 4 Eier, Salz, Vanillezucker, abgeriebene Zitronenschale, 80 g Mehl, 10 g Kakao*

Für die Schilchercreme: *4 Eigelb, 1 Glas Schilcher, 5 Blatt Gelatine, Vanillezucker, Salz, 90 g Zucker, 400 g Schlagobers (Sahne), Ribisel (Johannisbeeren) zum Einstreuen*

Für den Schokoladenbiskuit Zucker mit Eiern und den anderen Zutaten schaumig rühren, Mehl mit Kakao versieben und locker unter die Eiermasse heben. Auf ein mit Backtrennpapier ausgelegtes Backblech streichen und im vorgeheizten Ofen rasch backen. Nach dem Herausnehmen sofort mit wenig Mehl stauben, aber das Papier noch nicht abziehen. Auskühlen lassen.

Die Gelatine in kaltem Wasser einweichen und 10 Minuten stehen lassen.

Die Eigelb mit Zucker und Vanillezucker verschlagen, mit der ausgedrückten Gelatine und dem Schilcher verrühren. Das Obers (die Sahne) schlagen, einige Ribisel (Johannisbeeren) daruntermischen und unter die Eimasse heben. Auf den Schokoladenbiskuit streichen und locker einrollen.

Kärnten

Potize, Putize oder Reinling

Es gibt eine »Mehlspeis« – einen Kuchen –, der in der Steiermark »*Potize*« heißt, im angrenzenden Slowenien *Pogača* und in Kärnten »*Reinling*«. Er ist ein Relikt historischer Gemeinsamkeit. Der Name kommt von der Herstellungsart (slowenisch: *potivica, potica,* von *potivi* = einwickeln) und vom Gefäß, in dem er gebacken wird: dem Reindl, der Rein (deutsch = ein flacher Schmortopf).

500g Mehl, 60g Zucker, 60g Butter, 20g Germ (Hefe), Salz, ¼ l Milch, 1 Ei, 1 Eigelb, abgeriebene Zitronenschale, Fett für die Form, Zucker zum Bestauben

Für die Nussfülle: *150g geriebene Nüsse, 250g Kuchenbrösel, 60g Zucker, 20g Honig, ⅛ l Milch, Zitronenschale, 2 EL Rum, Vanillezucker, Rosinen*

Für die Mohnfülle: *150g geriebener Mohn, 100g Kuchenbrösel, 60g Zucker, 20g Honig, ⅛ l Milch, Zitronenschale, 1 EL Rum, Vanillezucker, Rosinen*

Mit der halben Menge erwärmter Milch die Hefe auflösen, mit etwas Mehl zu einem Dampfl verarbeiten, mit Mehl bestauben und an einem warmen Ort zugedeckt gehen lassen. Sobald das Mehl Risse zeigt, lauwarme Milch, Zucker, Butter, eine Prise Salz, 1 Ei und die abgeriebene Zitronenschale verarbeiten und mit dem Mehl zu einem Teig kneten. Zugedeckt gehen lassen, dann rechteckig und fingerdick ausrollen. Je dünner der Teig zwischen der dick eingestrichenen Fülle ist, desto besser wird die Potize.

Nussfülle und Mohnfülle: Milch, Honig und Zucker aufkochen und in die heiße Milch die übrigen Zutaten für die Nussmasse oder die Mohnfülle einrühren. Ist die Masse zu fest, mit etwas kalter Milch verdünnen. Je eine Hälfte des Teiges mit der gewünschten Fülle stark bestreichen, die Flecken wie einen Strudel einrollen, aber von beiden Seiten zur Mitte hin. Mit dem Schluss nach oben in die gefettete Form legen. Gehen lassen und bei mittlerer Hitze etwa 40 Minuten backen. Vor dem Stürzen auskühlen lassen, dann mit Zucker bestauben.

Kärntner Reindling

Um genau zu sein, ist der Kärntner Reinling (oder Reindling) doch anders als die Nuss- oder Mohn-Potize. Dafür wird viel Zimt verwendet.

Den Hefeteig wie für die Potize zubereiten.

Für die Fülle: *250g Butter, 400g Walnüsse, 150g Zucker, 3 TL Zimt*

Den gut verkneteten Teig zugedeckt bis zur Hälfte aufgehen lassen. Danach den Teig auf ein Rechteck ausrollen und reichlich mit flüssiger Butter bestreichen. Die geriebenen oder gehackten Walnüsse auf dem Teig verteilen, mit Zucker und reichlich Zimt bestreuen und zu einer Rolle formen, schneckenförmig in eine Rein- oder Springform einlegen.

Den Teig nochmals bis zur Hälfte aufgehen lassen, im vorgeheizten Backofen ca. 40 Minuten backen und auskühlen lassen.

Zu Ostern serviert man diesen Reindling mit Eierkren (Rezept siehe unten) und Beinschinken.

Eierkren

4 hart gekochte Eier, ca. 50g Kren (Meerrettich), 1 EL Essig, ¼ l Sauerrahm (Saure Sahne), Salz, 1 EL Öl

Die Eier fein hacken, mit geriebenem Kren (Meerrettich) und den anderen Zutaten gut verrühren und abschmecken.

Kärntner Kasnudeln

Eine Kärntner Spezialität sind zu Halbkreisen gefaltete, gefüllte Nudelteigstücke: die Kasnudeln. Im benachbarten Italien heißen sie *Ravioli*, in Baden-Württemberg *Maultaschen*, *Sàtecky* oder *Tatschgerln* in der böhmischen Küche, *Bijeki* bei den Slowenen, *Piroggen* (was Schmaus oder Gelage bedeutet) in der russischen oder *Bazlama* in der türkische Küche und *Dim-Sum* und *Jiaozi* in China, wo diese Pasta ja herkommen soll, wenn es nach der Marco-Polo-Legende geht. In Slowenien heißen die Teigtaschen auch *»Zlikrofi«*. Wahrscheinlich, weil sie in *Slovenski korosec*, wie Kärnten auf Slowenisch heißt, auch »Schlickkrapfen« genannt werden. Die Kasnudeln werden mit weißem Käse, dem Topfen, gefüllt. Hier gleich eine Klarstellung: Das Wort Topfen kommt von dem Topf, in dem dieser Käse hergestellt wird. Das deutsche Wort Quark stammt vom sorbischen oder polnischen »twarog«, was käsig bedeutet.

Für den Nudelteig: *½ kg Mehl, lauwarmes Wasser, 1 Ei, Salz*

Für die Fülle: *300 g trockener Topfen (Quark), 200 g passierte Kartoffeln, Zwiebel oder Lauch, Salz, Minze, Kerbel, Pfeffer*

Einen geschmeidigen Nudelteig kneten, ruhen lassen und auf der bemehlten Arbeitsfläche ausrollen. Nicht zu kleine kreisrunde Flecken z. B. mit einem Glas ausstechen.

In aufgeschäumter Butter die klein geschnittene Zwiebel, die gehackte Minze und das *Keferfill* (Kerbelkraut) anschwitzen, salzen und mit dem Topfen (Quark) und den passierten Kartoffeln vermischen.

Auf jedem Teigstück mit einem Löffel Fülle auftragen. Zu halbmondförmigen Taschen zusammenklappen und krendeln, also den Rand zackenförmig festdrücken (*crena = Kerbe*).

Das ist das Besondere an der Kärntner Variante, der *»gekrendelte«*, wellenförmig verzierte Rand. *»A Kärntnerin, die wos net krendeln konn, die kriagt kan Monn.«*

Je nach Größe in heißem Salzwasser 5–10 Minuten ziehen lassen. Mit zerlassener Butter, ausgelassenem Speck oder Grammeln übergießen.

Kärntner Fleischnudeln

Fleischfülle: 500 g faschiertes Selchfleisch oder Fleischreste, fein gehackte Zwiebel, 1 Ei, Petersilie, Brösel nach Bedarf

Die Zwiebel in Butterschmalz hell anrösten und mit den anderen Zutaten gut vermischen. Ist das Fleisch zu fett, mit Semmelbröseln abbinden. Die Fülle wie bei den Kasnudeln weiter verarbeiten. Als Beilage dazu Sauerkraut oder einen grünen Salat.

Trüffel-Nudeln

Von Kärnten aus sind es nur knapp 150 km ins Friaul in Italien und nicht einmal 100 km nach Krajn in Slowenien.

Da kann man sich erlauben, die Kasnudeln auch etwas variantenreicher und nobler zu gestalten. Etwa die Fülle aus feinem italienischem *Ricotta*, der auch nur ein Hüttenkäse ist, mit Trüffeln durchmischen. Und mit einigen Flocken Trüffelbutter und frittierten Salbeiblättchen servieren.

Istrien und Balkan

König und Königin von Dalmatien, Croatien,
Slavonien, Galizien, Lodomerien und Illyrien,
Herzog und Herzogin von Krain, Ragusa und Zara;
Gefürstete Graf und Gräfin von Görz und Gradiska,
Markgraf und Marktgräfin von Istrien, Großwoiwode
der Woiwodschaft Serbien etc. etc.

Nach dem Zusammenbruch der Österreichisch-Ungarischen Doppelmonarchie am Ende des Ersten Weltkrieges bildete sich 1918 das »Königreich der Serben, Kroaten und Slowenen«. Daraus ging die frühere Republik Jugoslawien hervor. Sie bestand aus den heute selbstständigen Staaten Bosnien und Herzegowina, Kroatien, Makedonien, Serbien und Montenegro (vereint in der Föderativen Republik Jugoslawien) sowie Slowenien. Und das ist ja gleich ums Eck von Kärnten und der Steiermark.

Karstschinken – Istarski pršut – Prosciutto mit Trüffelstangen

Der luftgetrocknete Schinken aus der slowenischen Karstregion heißt *Pršut*. Er ist fest, würzig, von dunklem Rot mit feinen Fettanteilen. Dazu wird die Hinterkeule des Schweines mit Meersalz eingerieben und in den kalten Fallwinden der Burja *(Bora)* getrocknet, alle zwei Monate gewaschen und wieder gesalzen. Das Salz entzieht dem Fleisch die Feuchtigkeit und trocknet den Schinken, die Bora gibt ihm Aromen und alles zusammen den süßlichen Geschmack.

Steht kein *kraški pršut*, also slowenischer Karstschinken, zur Verfügung, dann nehmen Sie *Prosciutto*, das ist fast dasselbe auf Italienisch, etwa aus Parma oder San Daniele.

20 hauchdünne Scheiben Pršut oder Prosciutto, Trüffelbutter, Blätterteig, 1 Eigelb

Den angetauten Blätterteig in bleistiftlange, ca. 2 cm breite Streifen schneiden. Ein wenig korkenzieherartig drehen und auf ein mit Backpapier ausgelegtes Backblech legen. Mit dem mit etwas Wasser verquirlten Eigelb bestreichen und ca. 25 Minuten im vorgeheizten Ofen backen.

Auf jede Scheibe Schinken dünn Trüffelbutter aufstreichen. Den Schinken so um die Blätterteigstangen wickeln, dass am unteren Ende ein schinkenfreies Griffende bleibt.

Ajvar

Diese Paprikasauce stammt aus Serbien.

3 rote Paprikaschoten, 1 rote Peperoni (Pfefferoni) oder Chili, 2 Zehen Knoblauch, 1 Zwiebel, 1 Aubergine, ca. 250 g Fleischtomaten, Olivenöl, 2 EL Zitronensaft, Salz, Pfeffer, Paprikapulver edelsüß

Die Paprika der Länge nach vierteln und die weißen Scheidewände und Kerne entfernen. Die Paprikastücke mit der Hautseite nach oben auf ein mit Olivenöl gefettetes Backblech legen. Im vorgeheizten Backofen 15 Minuten lang backen, bis die Haut sich schwärzt und Blasen wirft. Die Paprikastücke 10 Minuten unter einem feuchten Tuch ruhen lassen und dann häuten.

Die Melanzani (Auberginen) dünn schälen und in Würfel schneiden. Peperoni halbieren und entkernen. Knoblauchzehen und Zwiebel kleinwürfelig schneiden. Die Tomaten mit kreuzweise eingeschnittener Haut einige Sekunden in kochendes Wasser legen, kurz in Eiswasser abschrecken, enthäuten, halbieren, entkernen und in Würfel schneiden.

Die vorbereiteten Zutaten mit reichlich Olivenöl und 2 EL Zitronensaft in eine hohe Rührschüssel geben und mit dem Pürierstab zerkleinern, aber nicht passieren. Diese Paprikasauce mit Salz, Pfeffer und reichlich Paprika würzen.

Ajvar passt gut zu Vorspeisentellern mit einem Stück Schafkäse und einigen Oliven. Und es ist eine pikante Beilage zu Lammfleisch und Gegrilltem wie *Ćevapćići oder Pljeskavica*.

Ćevapčići und Pljeskavica

Das sind Gerichte aus gehacktem, faschiertem, also fein zerkleinertem, Fleisch, wie sie überall auf der Welt anzutreffen sind. Und nicht erst, seit die Fleischpflanzerl als Hamburger weltweit die gastronomische Einheitswährung sind.

Für mich ist Faschiertes der Ursprung des Kochens mit Fleisch. Erst das Zubereiten, das Abmischen mit Gewürzen und das Formen macht das »Kochen« aus.

Ćevapčići sind gewürzte, gegrillte Hackfleischröllchen aus dem Balkan. Das Wort stammt aus dem Orient und ist über das türkische *kebap* (Röstfleisch) aus dem Persischen gekommen: *kebâb* (Fleisch am Spieß).

Pljeskavica ist ein mit Pfefferoni gewürztes Faschiertes und hat die klassische die Form des »Hamburgers«. Das Wort stammt vom serbisch-kroatischen *pljeskati* (klatschen). Das Wort beschreibt lautnachahmend die Zubereitung, wenn dabei mit der Hand ein klatschendes Geräusch entsteht.

Ćevapčići

500g gut durchzogenes Rindfleisch mit genügend Fettanteil, Salz, Pfeffer, eventuell 2 EL Tomatenmark, 2 EL Senf

Das Fleisch durch die feine Scheibe des Fleischwolf drehen, salzen, pfeffern und mit einigen EL kaltem Wasser fest durchkneten. Abschmecken und nach Belieben Tomatenmark und Senf einarbeiten. Zugedeckt für mindestens 2 Stunden kalt stellen. Danach daumengroße Würstchen formen. Diese Fleischröllchen grillen oder mit wenig Fett in der Pfanne braten.

Dazu passt Ajvar und Zwiebelsenf aus fein gehackten Zwiebeln mit scharfem Senf vermischt.

Plejeskavica

350g Schweinefleisch, 350g Rindfleisch, 2 Pfefferoni, 1 mittlere Zwiebel, 2 Knoblauchzehen, Salz, Pfeffer

Das Fleisch durch die mittelfeine Scheibe des Fleischwolfs drehen und durchmischen. Die Zwiebel und die Pfefferoni fein hacken und mit der Hand gut in den Fleischteig einarbeiten. Salzen und pfeffern und ca. 1–2 Stunden ruhen lassen. Dann daraus flache Plejeskavicas formen und grillen.

Djuveč

Das ist ein Gemüseeintopf, den es nicht nur in Serbien gibt. In Bulgarien heißt er *Gjuwetsch* und stammt vom türkischen *güveç* (Schmortopfgemüse).

Das scharfe balkanische Djuveč ist dem pikanten französischen Ratatouille sehr ähnlich, nur ist dieses ohne Fleisch. Im Französischen bedeutet das Wort *ratatouille* »Fraß«.

1 kg Schweine-, Lamm- und/oder Rindfleisch, Olivenöl, rote und grüne Paprikaschoten, 1 kg Fleischtomaten, 1 kleine Melanzani (Aubergine), 4 Zwiebeln, 2 Knoblauchzehen, Olivenöl, 0,5 l Fleischbrühe, Petersilie, Salz, edelsüßer Paprika, Pfeffer

Die Zwiebeln feinnudelig schneiden, die Paprikaschoten entkernen und in Streifen schneiden. Die Melanzani (Aubergine) kleinwürfelig schneiden. Alles zusammen mit dem gepressten Knoblauch und der gehackten Petersilie in einer Schüssel durchmischen, salzen, pfeffern, mit reichlich Öl übergießen und für eine Stunde ruhen lassen.

Das Fleisch kleinwürfelig schneiden und in heißem Öl rundherum kurz und kräftig anbraten. Dann mit Salz, Pfeffer und Paprikapulver würzen und warm stellen.

Die Tomaten in Scheiben schneiden und in eine große, feuerfeste Schüssel schlichten. Darüber die Hälfte des marinierten Gemüses, dann das Fleisch und die zweite Hälfte des Gemüses geben. Den Schluss bilden die restlichen Tomatenscheiben. Das Ganze mit der Bouillon begießen und zugedeckt ca. 3 Stunden im Backofen garen lassen.

Gefüllte Dorade

Die Halbinsel Istrien am Adriatischen Meer gehört zu einem Teil zu Slowenien, zum größeren Teil zu Kroatien und mit Triest zu Italien.

Während der k. u. k. Monarchie war Abbazia ein mondäner Bade- und Luftkurort, der heute Opatija heißt. Das Kronprinzenpaar Rudolf und Stephanie, Kaiser Franz Joseph und Kaiser Willhelm II. promenierten zum Sonnenuntergang über die berühmte Strandpromenade, die heute wieder nach Kaiser Franz Joseph I. benannt ist.

Dubrovnik, das frühere italienische Ragusa mit vorwiegend kroatischer Bevölkerung, kam mit dem Wiener Kongress zu Österreich, wurde für 100 Jahre Teil des Kronlandes Dalmatien und ist heute wieder Kroatien.

Die dalmatinische Küste des Adriatischen Meeres ist seit der Monarchie Urlaubsland. Und da gibt es nichts Besseres als eines der wunderbaren Fischgerichte, etwa die gefüllte Dorade.

1 ganze Dorade (Brasse) mit ca. 1 kg, geschuppt und küchenfertig, 3 Scheiben Weißbrot, 5 Schalotten, 3 Zehen Knoblauch, schwarze Oliven ohne Kerne, 3 getrocknete Tomaten, frischer Thymian, ein Zweig Rosmarin, 1 Eigelb, Zitrone, Olivenöl, Mehl, Butter

Die Doraden innen und außen waschen und trockentupfen. Den Fisch am Rücken vom Kopf bis zur Schwanzflosse bis zur Mittellinie hin vorsichtig mit einem scharfen Messer von den Gräten lösen, diese herausnehmen, den Fisch aber ganz lassen. Innen mit etwas Zitronensaft einreiben.

Zwei Schalotten und zwei Knoblauchzehen schälen, fein schneiden und in Olivenöl anschwitzen. Das Weißbrot entrinden, in feine Würfel schneiden, zugeben und ebenfalls goldbraun anrösten.

Eine Hand voll schwarze Oliven, drei getrocknete Tomaten, einen Teil des Thymian und Rosmarin fein hacken und mit Olivenöl und einem Eigelb zu der Brotmischung geben, salzen und pfeffern und alles verkneten. Die Dorade innen mit Olivenöl bestreichen, die Füllung vorsichtig hineingeben und den Fisch mit Küchengarn zubinden. Mit etwas Mehl bestauben und in heißem Olivenöl von beiden Seiten anbraten. Den restlichen Knoblauch pressen und mit dem Thymian und dem

Stamm Rosmarin in die Bratpfanne geben. Den Fisch mit diesem aromatisierten Öl von Zeit zu Zeit übergießen.

Zum Ende der Bratzeit, nach etwa 20 Minuten, 20 Gramm Butter zugeben und die Dorade damit überglänzen.

Dazu passt als Beilage hervorragend eine Sterzschnitte aus Maisgrieß oder Türkenmehl, wie es in der Steiermark und in Kärnten heißt, oder Polenta, wie die Italiener sagen, oder kroatische Palentom.

Sterzschnitte – Polenta – Palentom

300 g Maisgrieß, 50 g Butter, Salz

1½ l Salzwasser in einem Topf aufkochen. Maisgrieß unter ständigem Rühren einrieseln lassen und 30–40 Minuten unter oftmaligem Rühren zu einem dicken Brei kochen, bis er sich vom Topfrand löst. Butter einrühren.

Den fertigen Maissterz auf einem Blech glattstreichen, auskühlen lassen und in Ecken oder Rhomben schneiden. Butter in einer Pfanne erhitzen und die Polenta-Stücke kurz goldbraun backen.

Wenn man das Kochwasser mit Milch mischt, wird die Polenta cremig weich.

Je nach Geschmack kann man in die Polenta geriebenen Hartkäse einrühren oder sie mit frittiertem Salbei bestreuen oder Steinpilze einrühren und mit Trüffelbutter verfeinern.

Digestif

Als Digestif kann man nach so einem adriatisch-balkanischen Essen einen *Rakia* nehmen. Das ist die kroatische Bezeichnung für Schnaps. Und da gibt es einige feine Kreszenzen.

Der Slibovitz (*sliva* = die Zwetschge) ist der bekannteste Schnaps der Monarchie, für den man nie eine Übersetzung benötigt. Die bosnische Zwetschge *Pozegaca* ist die zuckerreichste Zwetschge, die bis zu 40% Zucker enthalten kann. Durch die längere Lagerung des Destillats in Eichenholzfässern, wo der Slibowitz Tannin, Lignin, Säuren und Pentosen aufnimmt, entsteht ein blassgelber Zwetschgenschnaps mit sehr fruchtigem Aroma.

In Rumänien heißt der Schnaps aus den süßen, fleischigen speziellen Pflaumen, die nur für die Herstellung dieser Spirituose verwendet werden, *Tzuika*.

Und in Deutschland ist es das *Zwetschgenwasser*, aber darüber habe ich in meinem Schwarzwald-Kochbuch ja ausführlich geschrieben.

Maraskino

Der *Maraskino* ist ein klarer Likör aus Jugoslawien, wenn er *Maraschino* geschrieben wird, dann ist er aus Italien. Er wird aus der vergorenen, wild wachsenden Maraska-Kirsche aus

den Wälder der Küstenlandschaft an der Adria destilliert und hat ein angenehmes Kirschenaroma. Er kann als Likör zum Café ein Genuss sein, ist aber auch die Basis für ein feines, fruchtiges Dessert.

Ganz unten, im südlichsten Teil des ehemaligen Jugoslawien, da wo es an Griechenland grenzt, da liegt Mazedonien, das aber nicht so heißen darf, sondern *»Ehemalige Jugoslawische Republik Makedonien«*. Aber in der Gastronomie, da hat es seinen Namen *»à la Macédoine«* – auf mazedonische Art, behauptet, vor allem für Fruchtsalate.

Dies ist eines der frischesten Desserts, für das man die Zutaten frei variieren kann, aber Maraskino ist immer dabei.

Fruchtsalat – Macédoine de fruits

Honigmelone, 2 Marillen (Aprikosen), 1 Birne, 1 Pfirsich, 100 g Kirschen (frische Kaiserkirschen), 100 g gehackte Walnüsse, 1 Zitrone, 1 Glas Weißwein, ½ Glas Maraskino, 4 EL Puderzucker

Die Honigmelone halbieren, mit einem Teelöffel entkernen. Die Melonenhälften nochmals vierteln, das Fruchtfleisch mit einem scharfen Messer von der Schale lösen und in kleine Würfel schneiden.

Die Aprikosen und den Pfirsich halbieren, entkernen und ebenfalls in Würfel schneiden. Die Birne schälen, entkernen und in Würfel schneiden. Die Kirschen entkernen. Die Früchte zusammen mit den gehackten Walnüssen in eine Schüssel geben und vorsichtig miteinander vermischen.

Zitronensaft nach Geschmack, den Weißwein und den Maraskino mit dem Puderzucker glatt rühren.

Den Salat damit marinieren.

Im Kühlschrank 15 Minuten ziehen lassen, in Glasschalen füllen und mit einem Schuss frischem Maraskino parfümieren.

Italien

König von Lombardo-Venetien; Großherzog von Toskana, Herzog von Modena, Parma, Piacenza und Guastalla, von Friaul, Fürst von Trient und Brixen; Herr von Triest, von Catarro und auf der windischen Mark

In Italien herrschte zu Elisabeths Zeiten eine ziemlich österreichfeindliche Stimmung. Franz Joseph drückt das in einem Brief an seine Mutter am 31. 10. 1860 so aus: *»… die Räubereien des Garibaldi, die Diebstähle Viktor Emanuels, die noch nie da gewesenen Gaunerstreiche des Erzschuften in Paris … und die unerschöpflichen Wünsche und Bedürfnisse aller Provinzen ect. mich dermaßen in Anspruch nehmen und mir so meinen armen Kopf erfüllten, dass ich kaum einen Augenblick für mich hatte.«*

Friedrich Engels schrieb in der »Neue Rheinische Zeitung« im Jahr zuvor: *»Eben weil Italien und Deutschland ›verwandt sind‹, haben Radetzky und Welden alle venetianischen Städte in Brand schießen und plündern lassen!«*

Es war eine der ersten Aufgaben des jungen Franz Joseph gewesen, die 1848er-Revolutionen im Kaiserreich niederzuschlagen. Letztlich endete es aber 1866 mit der Niederlage gegen Italien, mit dem Verlust der Lombardei und Venetiens und der Zustimmung zur Einigung Italiens.

Es gibt vier Bereiche Italiens, die starken gastronomischen Bezug zu Österreich haben: die Toskana, Mailand, Triest, Venedig.

Toskana

Das Großherzogtum Toskana kam von den Medici an die Habsburger. Was im Prinzip bedeutete, dass die Steuern nach Österreich flossen: für die Apanage des in Wien lebenden Großherzogs und die österreichischen Kriege, was zur Verarmung des Landes führte. Das änderte sich erst unter dem späteren Kaiser Leopold II., der sich in der Toskana Pietro Leopoldo nannte. Er förderte die Landwirtschaft und schaffte die ärgerlichsten Privilegien des Adels und der Kirche sowie die Folter und die Todesstrafe ab. Die Habsburger waren in der Folge zeitweilig entmachtet, bis die radikale Revolution von 1849 die Monarchie abschaffte. Ab 1861 gehörte die Toskana zum vereinigten Königreich Italien, Franz Joseph I. nannte sich aber weiter Großherzog von Toskana.

Die Toskana hat eine Küche der Armen und eine der Reichen und sie ist die Mutter der feinen französischen Küche. Denn als Caterina de Medici nach Frankreich heiratete, zog sie 1533 mit einem ganzen Tross von Köchen und Zuckerbäckern nach Paris. Trotzdem blieb die toskanische Küche eine einfache, aber raffinierte, was die *Crostini*, einfache Brotschnitten, beweisen. Crostini sind nichts anderes als Brot mit einem Aufstrich. Und da Weizenbrot schon nach wenigen Stunden an der Luft nicht nur lappig wird, sondern auch geschmacklos, wird es getoastet. Besser als das ziegelförmige fade Toastbrot sind weiße Krustenbrote wie Baguette, Ciabatta oder eben toskanisches Weißbrot, in ca. 1 cm dicke Scheiben geschnitten. Der Geschmack wird besser, wenn die Brotscheiben auf dem Backblech oder in der Pfanne geröstet werden statt im Toaster.

Crostini di fegatini al Vinsanto – Crostini mit Hühnerleber in Vin Santo

Vinsanto – der heilige Wein – ist ein starker, süßer Wein aus der Toskana, ähnlich der *Trockenbeeren-Auslese* oder dem ungarischen *Tokajer Edes*.

200 g Hühnerlebern und Herzen, 1 mittlere Zwiebel, Olivenöl, 0,2 l Vinsanto, Hühnerbouillon

Leber und Herzen sorgfältig zurichten und die Herzen halbieren.

Die Zwiebel in feine Ringe schneiden und in etwas Olivenöl glasig andünsten. Die Hühnerherzen dazugeben und bei starker Hitze rundherum anbraten. Dann die Leber dazugeben und rasch bräunen. Mit zwei Drittel vom Vinsanto ablöschen, und sobald der Wein eingekocht ist, vom Herd nehmen und mit dem Küchenstab pürieren. Die Pfanne wieder auf den Herd stellen und so viel Bouillon dazugießen, bis eine gleichmäßige und streichfeste Creme entsteht. Diese etwa 15 Minuten leise köcheln lassen und ab und zu umrühren. Erkalten lassen.

Die gerösteten Crostini noch heiß mit dem restlichen Vinsanto beträufeln und reichlich mit Lebercreme bestreichen.

Crostini con olive nere – Crostini mit schwarzen Oliven

Diese würzige Olivencreme sollte man auf Vorrat in kleinen Gläsern zubereiten. Sie hält sich ca. 4 Wochen und ist für viele Speisen ein nützliches Würzmittel.

200 g schwarze Oliven, 2 Sardellenfilets, 1 EL Kapern, Olivenöl, Chili, Salz, Zitronensaft, 1 kleine Tomate, Basilikum

Die Oliven entsteinen und mit den Sardellen grob zerkleinern. Mit den Kapern, der fein geschnittenen kleinen Chili und 5 EL Olivenöl mit dem Pürierstab pürieren. Mit etwas Zitronensaft, Salz und Pfeffer abschmecken. Auf die goldbraun gerösteten heißen Crostini streichen, mit winzigen Tomatenwürfeln bestreuen und mit Basilikumblättern garnieren.

Crostini di funghi porcini – Crostini mit Steinpilzen

250 g Steinpilze (oder 20 g getrocknete), Salz, Pfeffer, Knoblauch, 4 Frühlingszwiebeln, Zitronensaft, Petersilie, 1 EL Olivenpaste (siehe Rezept oben)

Pilze klein schneiden und in Öl mit dem klein gehackten Knoblauch und den in feine Ringe geschnittenen Frühlingszwiebeln dünsten. Salzen und pfeffern und mit der Olivenpaste binden. Auf die heißen Crostini streichen und mit fein gehackter Petersilie bestreuen.

Crostini con capperi – Crostini mit Kapern

75 g Kapern, Rucola, 2 EL Crème fraîche, 2 EL Ricotta, Salz, Pfeffer, Zitronensaft

Die Kapern und Rucola sehr fein hacken. Mit Crème fraîche und Ricotta mischen, mit Salz und Pfeffer würzen und mit Zitronensaft abschmecken. Diese Paste auf die ausgekühlten Crostini streichen und mit Schnittlauch garnieren.

Crostini con fagioli – Crostini mit Bohnencreme

200 g weiße Bohnen aus der Dose, 1 getrockneter Peperoncino, 1 EL Vinsanto, 3 EL Olivenöl, 1 EL Zitronensaft, Petersilie, Salz, Pfeffer, getrocknete Tomaten

Bohnen abtropfen lassen, mit Peperoncino, Vinsanto und Olivenöl fein pürieren. Petersilie hacken und unter die Paste mischen. Mit Salz und Pfeffer pikant würzen und mit Zitronensaft abschmecken.

Crostini mit der Bohnencreme bestreichen und mit fein gehackten, getrockneten Tomaten oder Petersilie garnieren.

Mailand

»Damals, als die Kroaten und Panduren Radetzkys von einem waffenlosen Volk nach fünftägigem Kampf aus Mailand herausgeschlagen wurden, damals, als das ›bewunderungswürdige Heer‹, bei Goito gesprengt, sich nach Verona zurückzog« (Friedrich Engels), damals entstand das legendäre Wiener Schnitzel, wie der Adjutant Attems des 18-jährigen Kaisers an den Hof berichtete. Als Zeichen der Auflehnung der Venezianer und Lombarden komponierte Verdi den Gefangenenchor der Oper Nabucco. Zwei Kriegsfolgen, die Welterfolge wurden.

Als die österreichische Armee durch Verrat zu einem unverdienten blutigen Sieg in Mailand gekommen war (sie hatte zuerst verloren und dann mit brutalem Einsatz gewonnen), nahm Feldmarschall Radetzky einen Koch und das Rezept für das »Goldene Schnitzel« um 1850 als Variation des Mailänder Koteletts nach Wien mit. Aber das ist wahrscheinlich eine Propagandalüge, um den Befehlshaber der blutigen Militäreinsätze in Italien sympathisch darzustellen.

Costoletta alla Milanese

4 Kalbskoteletts, ca. 1½ cm dick, mit dem Knochen, 2 Eier, 150g Semmelbrösel, 100g Butter, Zitrone, Salz, Pfeffer

Die Kalbskoteletts vorsichtig bis auf einen halben cm Stärke flach klopfen. Den Fettrand einschneiden, damit er sich beim Braten nicht wölbt. Die Koteletts leicht pfeffern. Durch das verquirlte Ei ziehen und dann in den Semmelbröseln wenden. Die Brösel sorgfältig andrücken und mit dem Messerrücken auf einer Seite ein Gittermuster eindrücken. In schäumendem Butterschmalz ca. 4 Minuten auf jeder Seite braten, bis die Panier goldbraun ist. Auf Küchenpapier entfetten. Zitronenspalten beilegen, salzen und auf den langen Kotelettknochen eine weiße, kunstvolle Papiermanschette stecken.

Tatsächlich geht die Genealogie des Wiener Schnitzels noch weiter zurück. Juden hatten es in Byzanz kennen gelernt. Mit den Mauren hatten sie es nach Andalusien exportiert, wo es die Spanier übernahmen und als »Andalusisches Schnitzel« an die Italiener weitergaben, von denen es dann die Wiener als »Eingebröselte & panierte Schnitzel« übernahmen.

Die Unterschiede zum Wiener Schnitzel: Dieses wird nicht vom Kotelett, sondern aus der Schale geschnitten und ist somit ohne Knochen. Die Panier beim *Costeletta* ist ohne Mehl und die Panier wird angedrückt. Beim Wiener Schnitzel wird das Fleisch gesalzen, beim *Milanese* erst das fertig gebackene Schnitzel.

Wiener Schnitzel

4 Kalbsschnitzel aus der Schale (Kalbsnuss) à ca. 140g, Salz, Mehl, 2 Eier, 80g Semmelbrösel, Butterschmalz

Die etwa bleistiftdünnen Schnitzel nicht zu dünn plattieren. Auf 3 flachen Tellern die Panier vorbereiten. In den ersten Teller Mehl, in den zweiten das mit ganz wenig Wasser verschlagene Ei, auf den dritten Teller reichlich feine Semmelbrösel geben.

Die Schnitzel auf beiden Seiten salzen, im Mehl wenden und überschüssiges Mehl abklopfen. Die bemehlten Schnitzel durch das Ei ziehen, abtropfen und sofort durch die Brösel ziehen, diese aber nicht festdrücken. Die panierten Schnitzel sofort backen, da die Panier sonst Feuchtigkeit anzieht.

Dazu in einer tiefen Pfanne reichlich Butterschmalz erhitzen. Es hat die richtige Temperatur, wenn sich an hineingehaltenen Gabelzinken kleine Luftbläschen bilden. Die Schnitzel im tiefen Fett ca. 2 Minuten auf jeder Seite backen. Die Pfanne gelegentlich schütteln, damit das schäumende Fett über die Oberseite des Schnitzels schwappt. Dadurch geht die Panier auf und wird luftig. Sie darf nicht am Fleisch kleben.

Denn das, zusammen mit der goldbraunen Farbe, ist die wahre Kunst des Schnitzelbackens. Die fertigen Schnitzel nie aufeinander legen oder gar zugedeckt warm halten, sonst werden feuchte Lappen daraus.

Schnitzel werden trocken serviert, mit einer Zitronenspalte und einer Dolde Petersilie. Dazu grünen Salat und Petersilkartoffeln.

Piccata Milanese

12 kleine Kalbsschnitzel (à ca. 40g), Salz, Pfeffer, Mehl, 3 Eier, 60g Parmesan, Butterschmalz, 50g gekochte Rindszunge, 50g Schinken, 50g Champignons, Butter, 0,3l klarer Kalbsfond, 0,3l Madeira

Die Kalbsschnitzel in Mehl wenden, die Eier mit dem Käse verklopfen und die Schnitzel durchziehen.

In reichlich schäumendem Butterschmalz beidseitig je ca. 2–3 Minuten goldgelb braten. Auf einer vorgewärmten Platte anrichten und warm halten.

Die gekochte Rindszunge und den Schinken in feine Streifen schneiden, die Champignons klein hacken, in etwas Butter anbraten, mit dem Kalbsfond und dem Madeira aufgießen und auf die Hälfte einkochen. Über die Piccata geben.

Dazu ein feines Risotto servieren.

Ossobucco alla Milanese – Kalbshaxen nach Mailänderart

Ossobuco (*osso* = Knochen, *buco* = Loch) – nennen die Italiener die Scheiben aus der Kalbshaxe. Meist wird sie schon in Scheiben geschnitten beim Fleischer angeboten.

4 Kalbshaxenscheiben, ca. 4–5 cm dick, vom Fleischer quer zum Knochen gesägt, 1 mittelgroße Karotte, 3 mittlere Zwiebeln, 3 Stangensellerie, 4 EL Butter, 1 kg Tomaten, 1 Bund Petersilie, 3 Knoblauchzehen, Butter, Mehl, Olivenöl, ¼ l Weißwein, ¼ l Fleischbrühe, Thymian, Oregano, 1 Lorbeerblatt, 3 Gewürznelken, Salz, Pfeffer

Die Karotte, die Zwiebeln und Selleriestangen in kleine Würfel schneiden. In einem großen Schmortopf die Butter zerlassen und die Gemüsewürfel darin anschmoren, bis sie leicht gebräunt sind.

Die Kalbshaxenscheiben mit Küchengarn rund binden. Salzen, pfeffern und in Mehl wenden. In einer Bratpfanne in Olivenöl beidseitig hellbraun anbraten. Herausnehmen und auf das angeröstete Gemüse legen. Den Bratfond mit ¼ l Weißwein ablöschen, reduzieren und mit der Brühe aufgießen.

Die Tomaten enthäuten, halbieren und in Würfel schneiden. Die Petersilie mit den Stängeln grob hacken, Thymian, Oregano, Knoblauchzehen, Lorbeerblatt und Gewürznelken dazugeben, aufkochen und mit Salz und Pfeffer würzen.

Diese Sauce über die Fleischstücke gießen. Zugedeckt im vorgeheizten Backofen ca. 2–2½ Stunden langsam bei mittlerer Hitze schmoren. Alle 30 Minuten mit etwas Fleischbrühe übergießen. Die lange Kochzeit und das ausbratende Fett des Markknochens ist entscheidend für den wunderbaren Geschmack des von den Knochen sich lösenden Fleisches.

Das fertig geschmorte Fleisch in eine gut vorgewärmte Schüssel geben, die Sauce mit dem z. T. verkochten Gemüse mit eiskalter Gremolata (siehe Rezept unten) montieren und darüber schöpfen.

Die Gremolata (und die klein geschnittene Stangensellerie) ist das Geheimnis dieses echten Mailänder Rezeptes und gleichzeitig eines der ältesten Rezepte der italienischen Küche.

Als Beilage ein Risotto alla milanese servieren.

Gremolata

1 Zitrone, 1 Knoblauchzehe, Petersilie, Basilikum, Butter

Die Zitronenschale abreiben, Knoblauch, Basilikum und Petersilie ganz fein schneiden und alles mit der Butter verkneten und kalt stellen.

Diese Würzmischung ist für die Saucen von geschmortem Fleisch gedacht, erhöht aber die Geschmacksqualität vieler Gerichte. Über frisch gemachten Nudeln mit Parmesan ein einfacher und überwältigender Genuss.

Risotto alla Milanese

300 g Rundkornreis, Olivenöl, ½ Zwiebel, ¼ l trockener Weißwein, 1 l Geflügelfond, frisch geriebener Parmesan, 100 g Butter, etwas Obers (Sahne), Salz, Pfeffer, ½ TL Safran, 2 EL gekochtes Rindermark

Wenn man es auf die traditionelle Art mit Rindermark mag, dieses in das Olivenöl geben, in dem dann der Reis angeröstet wird.

Die gehackte Zwiebel in Olivenöl glasig anrösten, den Reis zugeben und glasig werden lassen. Mit Weißwein ablöschen und nach und nach mit der Geflügelsuppe aufgießen und unter ständigem Rühren gar kochen. Wenn der Reis weich ist, aber noch einen festen Kern hat, Obers, Butter und Parmesan einrühren und Safran zugeben.

Das Risotto soll cremig weich sein.

Da man selten Gelegenheit hat, eine Hand voll Trüffelscheiben über das duftende Gericht zu hobeln, reichlich Flocken Trüffelbutter aus dem Glas darüber geben.

Monte Bianco

Ein *Dolce* – eine Süßspeise – die alle Anforderungen an einen süßen Kaloriengenuss erfüllt, ist der »Weiße Berg«. Leicht süß und voller köstlicher Kalorien.

Monte Bianco besteht aus Maroni (Esskastanien), Schlagobers (Sahne) und Baisers (Meringue oder Windbäckerei, wie es in Österreich heißt) sowie Eierlikör.

Für die Baisers: *5 Eiweiß, 150 g feiner Kristallzucker, 150 g Puderzucker, 1 TL Zitronensaft*

Das Eiweiß steif schlagen und den Zucker langsam einrieseln lassen. Wenn der Eischnee steif ist, in zwei Tortenformen verteilen.

Die Böden bei 110 Grad im vorgeheizten Backofen ca. 35 Minuten mehr trocknen als backen. Immer wieder kontrollieren, dass das Baiser keine Farbe bekommt.

Der einfachere Weg:

2 Schachteln Baisers, 1 Schachtel kandierte Maroni (Kastanien), 1 Becher Schlagobers (Sahne), 1/8 l Eierlikör

Ein Drittel der Baisers zerbröckeln und damit einen Tortenboden belegen. Die Hälfte der Maroni (Kastanien) in grobe Stücke schneiden. Das Schlagobers (die Sahne) steif schlagen.

Auf dem Baiser-Boden etwas Schlagobers verteilen, darauf Maronistückchen, darauf wieder eine Schicht Schlagobers und wieder Maronistückchen oder ganze Maroni verteilen. Dazwischen zerbrochene Baisers einstreuen. Auf jede Schicht Eierlikör träufeln. Die Schlagobers-Maroni-Baiser-Eierlikör-Mischung kuppelartig aufbauen und zuletzt mit Baiserstücken abdecken.

Triest

Elisabeth reiste immer wieder nach Triest ins prächtige Schloss Miramar, dass sich Maximilian mit Blick auf den Golf von Triest hatte bauen lassen. Der fantasievolle, interessierte, charmante und liberale Bruder von Franz Joseph aber hatte gegen den Rat von Sisi 1864 die falsche Berufswahl getroffen und war Kaiser von Mexiko geworden. Er wurde 1867 in Queretaro von einem Revolutionskommando standrechtlich erschossen.

Die Habsburger hatten Triest, *»das Fenster zur Adria«*, zur Hafenstadt für ganz Mitteleuropa bestimmt. Entsprechend wurde gebaut. *»Machen Sie es so wie in Wien, nur ein bisserl kleiner«*, lautete der Auftrag des Kaisers.

Die Stadt war zusammen mit ihrem Umland ein selbstständiges österreichisches Kronland. Die Stadt hatte 210.000 Einwohner, davon 130.000 Italiener, 30.000 Slowenen, 20.000 Deutschösterreicher und 20.000 Griechen, Albaner, Montenegriner, Dalmatiner und andere Nationalitäten des Vielvölkerstaates. Sie war Nahtstelle zwischen lateinischer, deutschsprachiger und slawischer Welt, ein Schmelztiegel verschiedenster Kulturen und Nationen.

Es gab fünf Theater in der Stadt, 95 ausländische Konsulate und eine Börse. Und es war das Zentrum der österreichischen Seefahrt mit der k. u. k. Seebehörde und prächtigen Versicherungs-Palazzi.

Neben Bierhalle und Birreria gab es die eleganten *»Caffè degli Specchi«* und *»al Municipio«* für das *»distinguierteste Publicum«*. Die Werbung der Kaffeehäuser versprach *»Zeitungen aus allen Ländern in allen europäischen Sprachen. Illustrierte und Kunstfachblätter«*.

Die Küche von Triest wird bestimmt von der Offenheit gegenüber allen Einflüssen und vom Festhalten an nationalen Vorlieben. Vom Meer vor der Stadt, dem Karstgebirge dahinter, von Fisch, Wild, Kräutern und allem, was der Bauernhof so bietet.

Malfati – Spinat-Käsenocken

Diese Vorspeisen könnte man am ehesten mit »misslungen« oder »schlecht gemacht« bezeichnen, denn das bedeutet *malfati* auf Deutsch. Aber gemeint ist: »einfach zubereitet«.

600g Blattspinat, 150g Ricotta (Magerquark), 100g geriebener Parmesan, 2 Eier, 1 Eigelb, 100g Butter, 200g Mehl, 1 kleine Zwiebel, Salz, Pfeffer, Muskat

Blattspinat erhitzen und etwas abkühlen lassen. Die Blätter auspressen und fein hacken. Die klein gehackte Zwiebel in etwas zerlassener Butter glasig andünsten und den gehackten Spinat untermischen und abkühlen lassen.

Ricotta cremig rühren, Spinat und die Hälfte des geriebenen Parmesan untermischen. 2 Eier und 1 Eigelb einrühren, mit Salz, Pfeffer und geriebener Muskatnuss kräftig würzen.

Nach und nach das Mehl einarbeiten und zu einem glatten Teig rühren. In einem großen Topf 2l Salzwasser aufkochen. Aus der Teigmasse mit zwei Esslöffeln Nocken abstechen. Ins kochende Wasser geben, dann die Temperatur verringern und die Nocken ziehen lassen, bis sie an der Oberfläche schwimmen.

Die Nocken mit dem Schaumlöffel herausnehmen, abtropfen lassen und in eine feuerfeste Form geben. Die restliche Butter zerlassen und darüberträufeln und das Ganze für 5 Minuten im vorgeheizten Backofen überbacken. Mit dem restlichen Parmesan bestreuen und sofort servieren.

Papardelle con bocconcini di coniglio – Breite Bandnudeln mit Kaninchen

400g Papardelle, 300g feste Fleischtomaten, ½ Zwiebel, 1 Karotte, 1 Stangensellerie, 1 Bund Petersilie, ½ Kaninchen (ca. 600g), Olivenöl, Butter, geriebener Parmesan, Salz, Pfeffer

In einem Topf 2 EL Olivenöl zusammen mit etwa 20g Butter erhitzen. Das Kaninchen ausbeinen, in kleine Stücke teilen und von allen Seiten goldbraun anbraten. Herausnehmen und warm stellen. Jetzt die in kleine Stücke geschnittene Karotte, die Sellerie und Zwiebel in dem Fett anrösten. Die Tomaten kleinwürfelig schneiden und dazugeben, mit Salz und Pfeffer würzen und alles etwa 20 Minuten köcheln lassen.

Das Kaninchenfleisch wieder dazugeben, mit Gremolata (siehe Rezept Seite 115) würzen und weitere 20 Minuten köcheln lassen. Am Ende der Kochzeit die fein gehackte Petersilie untermischen.

In der Zwischenzeit reichlich Wasser zum Kochen bringen, salzen, die Papardelle hineingeben und bissfest kochen, abgießen, mit der Kaninchensauce vermischen und heiß mit geriebenem Parmesan servieren.

Übrigens: *Bocconcini* heißt auf Deutsch Leckerbissen und das gilt nicht nur für die Gustostückerln des Kaninchens, sondern für das ganze Gericht.

Vitello Tonnato – Kalbfleisch mit Thunfischsauce

600g Kalbfleisch aus der Nuss, 200g Thunfisch in Öl, 2 Eier, 1 Lorbeerblatt, 2 Nelken, 10 Pfefferkörner, 1 kleine Zwiebel, 1 Stangensellerie, 4 Sardellen, 1 EL Kapern, 1 Zitrone, 0,2 l Olivenöl, ¾ l Weißwein, Weinessig, Salz

Zwiebel und Sellerie klein schneiden und mit den Gewürzen und dem Weißwein in eine Schüssel geben.

Das Fleisch wie einen Rollbraten zusammenbinden und in diese Marinade legen, kühl stellen und einen Tag darin liegen lassen.

Das Fleisch in einen Topf geben und die Marinade durch ein Sieb darüber gießen. Salzen und ca. 45 Minuten bei mittlerer Hitze im offenen Topf garen, wobei die Flüssigkeit um ungefähr die Hälfte einkochen sollte. Abkühlen lassen, das Küchengarn vom Fleisch entfernen und das Fleisch in möglichst dünne Scheiben schneiden.

Den Thunfisch (ohne das Öl), die hart gekochten Eier und die klein geschnittenen Sardellen mit dem Rührstab in die abgekühlte Marinade passieren. Langsam das Öl unterrühren mit 2 EL Weinessig abschmecken und zu einer cremigen Sauce rühren, salzen und pfeffern.

Die Sauce über das Kalbfleisch gießen, ca. 1 Stunde kalt stellen und vor dem Servieren mit den Kapern bestreuen. Mit Zitronenscheiben garnieren.

Triester-Torte

Diese legendäre Torte aus dem Haus der k.k.-Hof-Zuckerbäckerei Ch. Demel in Wien am Kohlmarkt ist eine Würdigung Triests, der Stadt als Tor Österreichs zum Orient.

150g Butter, 5 Eier, 110g Zucker, 20g Schokolade, Zitrone, 70g Semmelbrösel, je 20g Aranzini (kandierte Orangenschalen), Zitronat (Succade, kandierte Schale der großen, saftarmen Zedratzitrone), 110g Mandeln, Salz, Butter, Mehl, 150g Orangenmarmelade, ¼ l Schlagobers (Sahne), Pistazien, Datteln

Die Butter mit dem Zucker und den Eigelb schaumig rühren. Die Schokolade reiben, mit dem Saft und der abgeriebenen Schale einer halben Zitrone und den Bröseln einrühren. Aranzini und Zitronat ganz fein würfeln und zusammen mit den geriebenen Mandeln in den Teig geben. Das Eiweiß der fünf Eier mit etwas Salz zu einem steifen Schnee schlagen und unterziehen.

Die Masse in eine gefettete und bemehlte Form geben und im vorgeheizten Ofen ca. 40 Minuten backen, danach auskühlen lassen.

Die fertige Torte in der Mitte waagrecht durchschneiden, mit Orangenmarmelade füllen, die Hälften wieder zusammensetzen, mit geschlagenem Obers (Sahne) bestreichen und mit halbierten Datteln und den Pistazienkernen verzieren.

Venedig

Elisabeths Reisen, die meist eine Flucht aus der Umgebung des Kaisers waren, führten sie auch nach Venedig. Für die kränkelnde, aber sportelnde Kaiserin war das Schwimmen im Meer am Lido von Venedig ein besonderes Vergnügen.

Erst 50 Jahre nach dem Tod der Kaiserin »erfand« Signor Giuseppe Cipriani von Harry's Bar in Venedig ein Gericht ganz nach dem Diätgeschmack Elisabeths. Er nannte es *»Carpaccio«* nach dem venezianischen Vittore Carpaccio (um 1460 bis 1525/1526). Der kunstsinnige Barmann kreierte das kulinarische Kunstwerk in den Farben des Renaissancemalers: rot und weiß.

Carpaccio

650 g Roastbeef, Salz, Carpacciosauce (siehe Rezept unten)

Alle Fettränder vom Roastbeef schneiden und das Fleisch gut gekühlt, aber nicht gefroren auf der Schneidemaschine oder mit einem scharfen Sushimesser in hauchdünne Scheiben schneiden. Flache Teller mit den Fleischscheiben auslegen und leicht salzen. Carpaccio-Sauce in einem unregelmäßigen Gittermuster über das Fleisch träufeln. Diese besteht aus den einfachen Zutaten, die jeder Bartender an seiner Theke hat.

Salsa Carpaccio – Carpacciosauce

Mayonnaise, Worcestersauce, Zitronensaft, Milch, Salz, weißer Pfeffer

Mayonnaise in eine Schüssel geben und mit 2 TL Worcestersauce und einem TL Zitronensaft vermischen. Mit ganz wenig Milch so weit verdünnen, dass die Sauce leicht fließt. Salzen, pfeffern und eventuell mit mehr Worcestersauce oder Zitronensaft abschmecken.

Asparagi alla Bassanese – Spargel mit Eiersauce

Der Kaiser und Elisabeth aßen mit Vorliebe Spargel, und der weiße aus Bassano, ca. 100 km von Venedig entfernt, gehörte zu den besten Sorten der Monarchie.

ca. 1 kg Spargeln, 4 Eier, Pfeffer, feinstes Olivenöl, Weißweinessig

Die Spargeln sorgfältig schälen, in Salzwasser knapp gar kochen und abtropfen lassen.

Inzwischen die Eier ins heiße Wasser legen und in etwa 4 Minuten kernweich kochen. Das Eigelb sollte cremig, auf keinen Fall aber flüssig oder bereits zu fest geworden sein. Die Eier abschrecken, schälen und in einer Schüssel mit einer Gabel in kleine Stückchen zerteilen, salzen, pfeffern, etwa 3 EL Öl und einen Spritzer guten Weinessig zufügen, fein vermischen und abschmecken.

Diese Sauce separat zum Spargel reichen.

Fegato alla veneziana – Kalbsleber venezianische Art

500 g Kalbsleber in ca. 0,5 cm dicken Tranchen, 3 große Zwiebeln, Olivenöl, 80 g Butter, 3 EL Bouillon, Salz, weißer Pfeffer, Petersilie

Die Kalbsleber sauber vorbereiten. Die Zwiebeln schälen und in feine Ringe schneiden. Etwa 4 EL Öl in einer großen Pfanne erhitzen und die geschnittenen Zwiebeln unter gelegentlichem Umrühren langsam hellbraun und weich dünsten. Die gedünsteten Zwiebeln aus der Pfanne nehmen und warm stellen. Die Hitze verstärken und zusätzliches Öl in die Pfanne geben. Die Leber im heißen Öl auf beiden Seiten insgesamt höchstens 5 Minuten braten, bis das rohe Fleisch an der Oberfläche langsam kross wird. Das Fleisch aus der Pfanne nehmen, salzen und pfeffern. Die Zwiebelringe zurück in die Pfanne geben, noch 2 Minuten schmoren und über die Leber verteilen.

Anschließend in der Pfanne den Bratensatz mit der Bouillon lösen, mit der Butter aufmontieren, die fein gehackte Petersilie untermischen und die Sauce über die Leber gießen.

Dazu gibt es Polenta. Und zwar nur Polenta. Wer etwas anderes dazu isst, disqualifiziert sich selbst.

Zabaglione – Sabayon – Weinschaum

10 Eigelb, 0,2 l Weißwein, 0,2 l Marsala, 250 g Zucker

Zucker und Eigelb schaumig rühren, Weißwein und Marsala einrühren und über dem warmen Wasserbad die Creme dick und schaumig schlagen. Aber Vorsicht, dass das Wasser nicht zu heiß ist, sonst gerinnt das Ei. Die Creme noch warm in Gläser füllen und sofort servieren.

Grappa

Es gibt nur wenige Spirituosen, deren Geschichte so weit zurückverfolgt werden kann wie die des Grappa. Der Name ist abgeleitet vom lateinischen *»rapus«* (= Traube). Im Friaul ist seit 511 n. Chr. die Destillation der Reste von der Weinherstellung üblich und durch ausgedehnten Handel bekannt geworden. Grappa war bis vor nicht allzu langer Zeit ein italienischer »Arme-Leute-Schnaps«. In Zeiten, als sich die Lehnsherren den Zehnten noch in Wein auszahlen ließen, blieb Winzern und Bauern selten mehr als der ausgepresste Trester. Aus diesen Resten brannten sie ihren Schnaps. Der Nobelschnaps von heute ist also nichts anderes als die Resteverwertung der beim Weinkeltern ausgepressten Traubenschalen aus den Anbaugebieten Piemont, Veneto, Friaul, Trient und Toscana.

Kommt der Grappa aus Frankreich, dann heißt er *Marc,* in Deutschland *Trester* und in Österreich *Trebernschnaps.*

Caffè Corretto

Mit Grappa kann man auch kochen. Das einfachste Rezept dafür ist der »Caffè Corretto«. Dazu gibt man in einen wunderbar heißen Espresso mit einer dichten Schaumkrone einen Schuss Grappa.

Rumänien, Ukraine, Polen und Tschechien

Großfürstin von Siebenbürgen; Herzogin der Bukowina;
Königin von Galizien und Lodomerien, von Slawonien
und Illyrien; Herzogin von Auschwitz und Zator
und Teschen, Großherzogin von Krakau;
Markgräfin von Ober- und Nieder-Lausitz;
Herzogin von Ober- und Nieder-Schlesien,
Königin von Böhmen, Markgräfin von Mähren

Österreich war ein Vielvölkerstaat und ein Vielsprachenstaat. Das österreichische Kernland der Monarchie war umgeben von den slawischen Sprachgruppen und Staaten. Da gibt es die Ostslawische mit Ukrainisch, die Südslawische mit Bulgarisch und Makedonisch, Serbokroatisch und Slowenisch; die Westslawische mit Tschechisch, Slowakisch, Böhmisch und Moravisch, die lechische Gruppe mit Polnisch und die sorbische Gruppe mit den lausitzischen Sprachen, mit Ober- und Niedersorbisch.

Und dazu die ostromanische Sprachfamilie des Rumänischen mit zahlreichen Lehnwörtern aus dem Slawischen, dem Griechischen, dem Türkischen, dem Ungarischen, dem Albanischen und dem Jiddischen.

Und wie sich die Sprachgruppen vermischten, so griffen auch die Regionalküchen ineinander.

Rumänien

In Rumänien steht das Jagdschloss Pelesch, das aussieht wie Draculas Burg, erbaut von dem österreichischen Architekten Wilhelm von Doderer. Elisabeth, die Großfürstin von Transsylvanien und Herzogin der Bukowina, ist 1887 Gast bei ihrer Dichterfreundin Carmen Sylva. Sie ist von Hauptberuf Königin Elisabeth von Rumänien, geborene Prinzessin zu Wied.

»Ich muß mit den Sozialdemokraten sympathisieren, besonders angesichts der Nichtstuerei und Verworfenheit der Vornehmen; ... ich begreife immer die törichten Völker nicht, dass sie uns noch dulden.«

(KÖNIGIN ELISABETH VON RUMÄNIEN, GEBORENE PRINZESSIN ZU WIED)

Zu den wichtigsten Städten Siebenbürgens gehört Klausenburg (Cluj-Napoca) und zu den Gerichten, die sich über Ungarn in der Monarchie verbreiteten, das »Gelegte Kraut«.

Varza a la Cluj – Klausenburger Kraut

200g Reis, 500g Schweinefleisch, 1kg Sauerkraut, 3 Zwiebeln, Paprikapulver, Olivenöl, Salz und Pfeffer, gemahlener Kümmel. 1 Ei, 1/8 l Rahm (Saure Sahne)

Zwei fein gehackte Zwiebeln im heißem Öl anbraten, dann das durch den Fleischwolf gedrehte Fleisch darin anrösten. Paprika, Salz, Pfeffer und gemahlenen Kümmel zugeben und unter gelegentlichem Nachgießen von heißem Wasser eine Stunde dünsten.

Das Sauerkraut weich, aber mit Biss kochen. Die dritte fein gehackte Zwiebel in heißem Öl glasig dünsten. Reis darin anrösten. 0,4 l Wasser zugießen. Nachdem der Reis zugedeckt 5 Minuten gekocht hat, salzen und pfeffern und noch 15 Minuten auf sehr kleiner Flamme dünsten. In eine mit Öl ausgestrichene feuerfeste Form eine Lage Kraut legen, darauf Reis, dann Fleisch und wieder Kraut. Mit Rahm gequirltes Ei darüber gießen und im Ofen backen.

Mititei oder Mici

Was am Balkan die Ćevapćići sind, sind in Rumänien Mititei oder Mici. Mici sind dicker gerollt als Cevapćići und saftiger.

½ kg Rindfleisch, ½ kg Schweinefleisch, Salz, Pfeffer, Nelkenpulver, 1 EL Paprika, Majoran, 1 TL Natron, 3 Knoblauchzehen, ¼ l Bier

Das Fleisch zweimal durch den Fleischwolf drehen, mit Salz, Pfeffer, Nelkenpulver, Paprika und Majoran würzen und Natron und eine fein gehackte Knoblauchzehe zum Fleisch geben. Das Bier hinzufügen und alles vermengen und kneten, bis eine feste, glatte Masse entsteht. Einige Stunden kalt stellen. Aus dem Fleischteig mit nassen Händen kleine, ca. 8 x 3 cm große Rollen formen. Bei möglichst großer Hitze ca. 7 Minuten so grillen, dass sie außen eine Kruste bekommen und innen fast roh und saftig bleiben.

Den restlichen Knoblauch pressen und in Öl geben. Während des Grillens die Mici damit bestreichen. Zu den Mici reicht man am besten Senf, scharfe Pfefferoni und Kartoffeln.

Die Kartoffeln mit der Schale in Spalten schneiden, in Paprika wälzen, mit Kümmel bestreuen, mit Knoblauchöl einstreichen und auf dem Backblech mitbraten.

Ukraine

Franz Joseph war König von Galizien und Lodomerien, heute Teile der Ukraine und damals der Rand der Monarchie.

Der k. u. k. Satiriker Alexander Roda Roda beschreibt eine Bahnhofswirtschaft an der Grenzstation vor der Abfahrt des *»Zugs nach Kiew, Charkow, Moskau, Jekaterinoslaw, Odessa«*. Der Wirt kündigt ein Menü an: Suppe, Rindfleisch, Gansbraten, Zibebenstrudel. Er kommt aber nie in die Verlegenheit, das vorher kassierte Menü auch zu servieren, da der Aufenthalt in der Station sehr kurz ist (was die Fahrgäste nicht wissen) und der Zug immer nach der Suppe abdampft. Nur einmal bleibt ein Gast, trotz der dringenden Hinweise, dass der Zug abfahre, sitzen: ein Kontrolleur der k.u.k. Staatsbahnhofswirtschaften. Aber der Wirt hat Glück: die Suppe gab's immer, das Rindfleisch war aus der Suppe, auch kein Problem. Nur der Tüchtige hat auch Glück und so hatte der Wirt zufällig eine Gans im Backofen. Und als der Kontrolleur nach dem Dessert verlangte, musste der Wirt bedauern: Zibebenstrudel sei kein Dessert, sondern sein Name.

»Zibeben« waren in Altösterreich rötliche Rosinen, im Gegensatz zu den schwärzlicheren »Weinberln«.

Und deshalb hier das Rezept des Weinbeerstrudels nach dem Kochbuch der Prato.

Weinbeerstrudel

Ausgezogenen Strudelteig – gibt es im Tiefkühlregal der Supermärkte – mit in Butter gelblich gerösteten Semmelbröseln und sehr reifen abgezupften Weinbeeren oder Rosinen, Zucker und Zimt bestreuen. Zusammenrollen, auf ein eingefettetes Backblech legen und mit flüssiger Butter bestreichen. Im Backofen ca. 35 Minuten backen und dazwischen mehrmals mit flüssiger Butter bestreichen. Nach dem Auskühlen mit Zimtzucker bestreuen.

Borschtsch – Roterrübeneintopf

Die Suppe kann ein Eintopf gewesen sein: der Borschtsch, russisch Boršč, polnisch Barszcz, das Leitgericht der russischen Küche. Tatsächlich behaupten aber die Ukrainer, sie hätten ihn erfunden.

500 g Suppenfleisch vom Rind mit Knochen, 2 Rote Rüben (Rote Bete), 1 gelbe Rübe, Petersilienwurzel, 1 mittlere Zwiebel, 3 EL Schmalz (oder Sonnenblumenöl), Essig, 2 mittelgroße Kartoffeln, 300 g Kraut (Weißkohl), 2 Lorbeerblätter, 3 EL Sauerrahm (Saure Sahne), 1 EL Tomatenmark, ½ Bund krause Petersilie, ½ Bund Dill, Salz, Pfeffer, 2 TL Zucker

Das in grobe Würfel geschnittene Suppenfleisch mit den Lorbeerblättern in 2 Liter Wasser aufsetzen. Ca. 1 Stunde auf kleiner Flamme köcheln lassen. Wenn das Fleisch gekocht ist, herausnehmen und die geschälten und grob gewürfelten Kartoffeln in die Brühe geben. Das Kraut in Streifen schneiden, nach 10 Minuten zugeben und weiter 10–15 Minuten kochen lassen.

Die Roten Bete schälen und stifteln, die Rüben und die Zwiebel grob schneiden. Alles im Öl andünsten und mit einem Spritzer Essig etwa 10 Minuten schmoren. Mit fein gehackter Petersilie und Dill, Salz, Pfeffer und Zucker abschmecken.

Tomatenmark und Saure Sahne erhitzen und so lange unter häufigem Rühren köcheln lassen, bis es eine rotgoldene Farbe angenommen hat. Zum Eintopf geben.

Das Fleisch in die fertige Suppe klein schneiden, in die Teller gießen und je einen Löffel dicke Saure Sahne in die Mitte geben.

Polen

Herzog von Auschwitz und Zator und Teschen,
Großherzog von Krakau, Markgraf von Ober- und Nieder-Lausitz,
Herzog von Ober- und Nieder-Schlesien

Von wahrer *political correctness* ist diese geografische Zuordnung nicht, aber historisch vertretbar. Denn *Dolna Łužyca* oder Niederlausitz, wie die Nicht-Sorben sagen, gehört ja zu Deutschland. Und Teile des ehemaligen Schlesien gehören zur Tschechischen Republik, zu Brandenburg und Sachsen, aber auch zu Polen. So wie Cieszyn, das ehemalige österreichisch-schlesische Teschen. Und das hat viel mit genussvollem Essen zu tun.

Teebutter

Herzog Albert Kasimir zu Sachsen, Herzog von Teschen und Schwiegersohn Maria Theresias, brachte die größte grafische Sammlung der Welt nach Wien, soweit sie nicht mit dem Schiff beim Transport unterging. Sein Stadtpalais ist jetzt Standort der Sammlung Albertina. Und die Maierhöfe Teschens lieferten die »Gute Butter« – die Teebutter – an den Kaiserhof. Und die erhielt, ganz im Sinne modernen Marketings, eine Marke als Herkunftsbezeichnung TE E. Das hat nichts mit Tee zu tun, sondern mit TE = Teschen und E = erzherzoglich. Daher die Bezeichnung »*TE*schener *E*rzherzogliche Butter.

Man soll also nicht nur von moderner Globalisierung reden, die gab es immer schon, denn nicht nur die Butter kam aus dem 320 km entfernten Schlesien nach Wien, sondern die ging auch nach dem 1.700 km entfernten London.

Ab 1904 lieferten die Österreicher Butter aus Schärding an das britische Königshaus, mit der die Tee-Bäckerei für den königlichen Fünf-Uhr-Tee gebacken wurde. Und deshalb geht die Legende, dass die Bezeichnung Tee-Butter daher kommt.

À la polonaise

Es gibt kein Kochbuch und kein Feinschmeckerlexikon, in dem nicht Gerichte *à la polonaise* – auf polnische Art – enthalten sind. Und das bedeutet, grundsätzlich alles mit Semmelbröseln zuzudecken. Zum Beispiel Spargeln.

Spargeln auf polnische Art

300g Spargeln, geputzt, 1 hartgekochtes Ei, Butter, Semmelbrösel, Petersilie

Die Spargeln wie gewohnt kochen.

In zerlassener Butter Semmelbrösel rösten. Die Semmelbrösel über die Spargeln geben und diese kurz unter dem Grill knusprig bräunen.

Vor dem Servieren gehacktes Ei und fein gehackte Petersilie darüber streuen.

Die polnische Küche ist von großer Bescheidenheit. Sie kennt vorwiegend Suppen wie *Ogórkowa* (Salzgurkensuppe), *Krupnik* (Graupensuppe), *Kapuśniak* (Kohlsuppe) und *Barszcz* (Rezept siehe Seite 128). Das meiste davon muss man nicht wirklich nachkochen. Gemüse wird voll durchgegart, und damit man nicht sieht, wie das Grünzeug endete, wird es mit Bröseln à la polonaise gnädig zudeckt. *Smacznego* – Guten Appetit.

Die Vielzahl der Variationen zu einem Gericht liegt an den unterschiedlichen Einflüssen der deutschen, jüdischen, sorbischen, russischen, ukrainischen, tschechischen und was auch immer Küche. So gibt es eine ziemliche Variationsbreite bei den typischen Karpfen-Gerichten.

Karp w szarym sosie – Karpfen in grauer Sauce

1 kg Karpfen ohne Kopf, Schuppen und Innereien, 1 Zitrone, 100g Sellerie, 0,5 l Bier, einige Pfefferkörner, 1 Zwiebel, 2 EL Butter, 1 Esslöffel Pflaumenmus, 50g Lebkuchen, 30g Sultaninen, 30g Korinthen, 30g geschälte Mandeln, Salz, Nelkenpulver, 1 Prise Ingwer

Den Karpfen abschuppen, waschen und trockentupfen, salzen, pfeffern, mit Zitrone beträufeln und in etwa gleich große Teile quer schneiden.

Geschälte und in Scheiben geschnittene Sellerie und Zwiebel in das mit ½ l Wasser vermischte Bier geben. Zitronenschale und Pfefferkörner hinzufügen und ca. 15 Minuten kochen. Danach die Karpfenstücke hinzugeben und auf einer kleinen Flamme weitere ca. 15 Minuten kochen lassen.

Den Fisch vorsichtig herausnehmen und warm stellen.

Aus dem Biersud die Pfefferkörner, Zitronenschalen, Sellerie und Zwiebeln entfernen, den fein zerbröckelten Lebkuchen, Pflaumenmus, Sultaninen, Korinthen und die Mandeln dazugeben und kurz aufkochen. Mit Ingwerpulver abschmecken und 2 EL Butter unterrühren.

Als Sauce zum Karpfen servieren.

Karp w galarecie – Gesulzter Karpfen

1 kg Karpfen ohne Kopf, Schuppen und Innereien, 1 Zwiebel, 1 l Gemüsebrühe, 6 EL Weißweinessig, 2 Lorbeerblätter, 1 TL Nelkenpulver, 1 TL Pfefferkörner, Salz, einige Pfefferkörner, 5 TL weiße Gelatine, 4 Eier, 200 g Tomatenmark, Saft von 1 Zitrone

Den Karpfen in Stücke und die Zwiebel in Ringe schneiden. Die Gemüsebrühe zusammen mit den Lorbeerblättern, Essig, Nelkenpulver, Zwiebelringen und Pfefferkörnern aufkochen. Den Fisch hineingeben und 15 Minuten kochen lassen, den Fisch herausheben.

2 Eier hart kochen. Die Gräten aus dem Fisch entfernen, den Fischfond durch ein Sieb schütten. 2 Eiweiß leicht aufschlagen und mit dem Tomatenmark zum Fischfond hinzufügen und 3 Minuten köcheln lassen. Den Fond erneut durchsieben. Die Gelatine und den Zitronensaft hinzufügen, mit Salz und Pfeffer abschmecken.

Die harten Eier vierteln, abwechselnd mit den Karpfenstücken, den Zwiebelringen und den Gewürzen in eine Glasform hineinlegen. Mit dem Fond übergießen, abkühlen lassen und für mindestens 5 Stunden in den Kühlschrank stellen.

Die abgeschabten Fischschuppen auf Küchenkrepp legen, trocknen lassen und später unter den Familienmitgliedern und Gästen verteilen. Ein paar Karpfenschuppen in der Geldtasche sollen die Zahlungskraft erhalten.

Die Lausitz ist altes sorbischen Siedlungsgebiet. Der Name kommt aus dem Slawischen, von *Luzica,* Sumpfland. Die Sorben *Serbja* oder *Serby* oder auch *Wenden* nach lateinisch *»Sorabi«* und *»Veneti«* waren eine unter den Preußen unterdrückte Minderheit. Aber selbst wenn man nichts von den Sorben weiß, so kennt man die wunderschön gravierten Ostereier und die verschiedenen Gurkengerichte.

Spreewälder Schmorgurken

1 kg fleischige Gurken, ¼ l Fleischbrühe, 40 g Speck, Öl, 1 TL Zucker, 1 Zwiebel, 1 EL Mehl, Pfeffer, Salz, Essig, 1 Tomate

Die Gurken schälen, entkernen und in ca. 10 cm lange und 3 cm dicke Stücke schneiden. Salzen, mit Essig beträufeln und etwa 30 Minuten ziehen lassen.

In etwas heißem Öl die geschnittene Tomate gut rösten. Dann die Gurken mit ihrem Saft, der Fleischbrühe und den in Ringe geschnittenen Zwiebel dazugeben und kochen lassen.

Den Speck kleinwürfelig schneiden, anbraten und die Grieben entfernen. Im Fett Zucker und Mehl bräunen, mit der Gurkensuppe auffüllen, gut einkochen und pikant abschmecken.

Beim Anrichten die Speckgrieben obenauf streuen. Dazu gedämpfte oder gekochte Kartoffeln reichen.

Niederfinower Senfsuppe

¾ l Rindsuppe, 1 fein gehackte Zwiebel, 1 TL Schnittlauch, 1 TL Petersilie, 2 EL Grober Niederfinower Senf, 1 EL Dillsenf, 1 EL Butter, 3–4 EL süße Sahne, 150 g getrocknete Steinpilze, Pfeffer, Salz

Die Zwiebel in der Butter goldgelb anschwitzen und anschließend die eingeweichten Pilze zufügen. Alles dünsten und mit der Rindsuppe und eventuell dem Einweichwasser der Pilze auffüllen. Senf, Salz und Pfeffer in die Suppe geben und einmal aufkochen. Dann ca. 15 Minuten leicht köcheln lassen. Abschließend die Sahne einrühren, nochmals abschmecken und die Kräuter zufügen.

Buckower Rosenbowle

1 Tasse Honig, 1 Tasse Orangelikör, 1 Flasche Weißwein, 2 Päckchen Vanillezucker, Saft von 2 Orangen und 1 Zitrone, 1 Hand voll Blütenblätter von duftenden und unbehandelten Rosen, 1 Flasche Sekt

Alles zusammen in einem geschlossenen Gefäß ca. 24 Stunden gut durchziehen lassen. Danach noch 1 Flasche Sekt hinzugeben und ein paar frische Rosenblätter.

Tschechien

König und Königin von Böhmen,
Markgraf und Markgräfin von Mähren

400 Jahre waren Böhmen und Mähren eng mit Österreich verbunden und zugleich vom Gegensatz zwischen habsburgisch-österreichischem Herrschaftsanspruch und tschechischem Selbstbehauptungswillen geprägt.

»Melde gehorsamst, Herr Generalfeldmarschall, reinrassige Hunde sind so selten wie reinrassige Wiener. Die haben immer mehrere Väter und von jedem was geerbt. Von einem die Ohren, vom anderen den Schwanz, vom dritten die Nase.«

(JAROSLAV HAŠEK, 1883–1923, ÜBER DIE PRÄGUNG IN DER K. U. K. MONARCHIE IN »DIE ABENTEUER DES BRAVEN SOLDATEN SCHWEJK«)

Als Böhmen noch bei Österreich war, da prägte die böhmische Köchin die Wiener Küche. Und die Jahrhunderte im Staatenbund der Österreichisch-Ungarischen Monarchie haben den Speisezettel Böhmens und Mährens nachhaltig beeinflusst.

Dabei ist heute kaum mehr zu sagen, was zuerst da war: die böhmischen *Palačinky*, die ungarischen *Palacsintak*, die rumänischen *Placinta* oder die Wiener *Palatschinken* (siehe Rezept Seite 153 ff.).

Auf jeden Fall soll man sich in dieser globalisierten Welt mindestens zwei Sätze auf Tschechisch merken, die man schon zu k. u. k.-Zeiten kannte: *»Dorbou chut«* = Guten Appetit! und *»Bylo to výborné«* = Es war ausgezeichnet.

Utopence – Ersoffene Jungfern

Das ist ein kleines Zwischengericht, vor allem für heiße Sommertage geeignet.

12 Krkonoše – eine Art Knackwurst – oder dicke Bockwurst oder Regensburger, 2–3 große Zwiebeln, Wasser, Weinessig, 1 Knob-

lauchknolle, 10–20 Pfefferkörner, 2 Chilis, 5–8 Lorbeerblätter, Kremser Senf

2/3 Tafelessig und 1/3 Wasser mit Pfeffer, 2 Lorbeerblättern, 1 kleinen Chili zum Kochen bringen und etwa 20 Minuten köcheln lassen.

Die zweite Chili fein schneiden und mit der heißen Marinade übergießen.

Die Zwiebeln in grobe Ringe schneiden. Die Würste schälen und etwa bis zu einem Drittel tief einschneiden. Mit Senf innen kräftig beschmieren und mit Zwiebelringen füllen. Damit die Zwiebelringe in der Wurst bleiben, mit jeweils zwei Zahnstochern zusammenstecken.

Die Würste in ein hohes Gurkenglas legen, Zwiebelringe und 2–3 Lorbeerblätter darüberschichten und mit der lauwarmen Marinade übergießen. Darüber wieder eine Schicht Würste, Zwiebelringe und Lorbeerblätter und mit der restlichen Marinade auffüllen.

Das Glas schließen und für mindestens 3 Tage im Kühlschrank kalt stellen und durchziehen lassen.

Liptovská bryndza – Liptauer

Liptauer ist ein Käseaufstrich. Aber das Wort wird dem Geschmack der Käsezubereitung nicht gerecht.

Richtiger Liptauer wird aus je 100 g Brimsen (tschechischer oder slowakischer Schafkäse) und Butter, Senf, Paprikapulver edelsüß, 2 Sardellen, fein zerhackter Zwiebel und Kapern gemacht.

Der Brimsen wurde durch nomadische Reiterhorden von Asien nach Europa gebracht. Die wichtigsten Produktionsstätten dieses Schafmilchkäses liegen in der Hohen und der Kleinen Tatra – im Liptauergebirge.

Zuerst den Brimsen und die Butter sorgfältig in einer Schüssel zu einer glatten Masse durcharbeiten. In die glatte Käsemasse die anderen Zutaten einarbeiten. Fein gehackte Zwiebel nur dazu geben, wenn der Liptauer bald gegessen wird, da sie Wasser zieht.

Bramboráky – Kartoffelpuffer

½ kg Kartoffeln, 4 EL Mehl, 1 Tasse Milch, 1 Ei, 2 TL Salz, 3 Knoblauchzehen, 1 Prise Pfeffer, 1 TL Majoran, 2 EL Semmelbrösel, Öl

Die rohen Kartoffeln schälen, waschen und grob reiben. Mit etwas heißer Milch übergießen und durcharbeiten. Mehl und Semmelbrösel, Salz, Pfeffer, Majoran und den ausgepressten Knoblauch dazugeben und alles gut vermengen. Etwas Öl in der Pfanne erhitzen, den Teig esslöffelweise hineingeben und flachdrücken. Von beiden Seiten einige Minuten knusprig braten.

Die Klassiker

Die böhmische Küche ist eine Knödelküche. So wie die bayerische, die tirolerische, die wienerische und die österreichische überhaupt. In der böhmischen Küche ist jedoch der entwicklungsgeschichtliche Übergang vom Brei zum Knödel am deutlichsten nachvollziehbar. Alles ist Knödel: Knödel als Vorspeise, in der Suppe, als Zwischengerichte und kleine Mahlzeiten, als Hauptspeise, als Beilage und süße Knödel als Nachspeise.

Zu den Obstknödeln habe ich einige der besten Rezepte in meinem »Mozartkochbuch« beschrieben.

Hier ein salziger Klassiker: Schweinsbraten mit Knödeln und Sauerkraut.

Videňský řizek – Schweinsbraten

1–1 ½ kg Jungschweinernes mit Schwarte, 300 g Schweinsknochen, Salz, Kümmel, Knoblauch

Den Boden einer Bratpfanne mit den klein gehackten Knochen und fingerhoch Wasser bedecken und zum Kochen bringen. Das Schweinerne mit der Schwarte nach unten darauflegen und ca. 20 Minuten im Ofen kochen lassen.

Das Fleisch herausnehmen und die Schwarte mit einem scharfen Messer, etwa einem Teppichmesser oder einer Rasierklinge, im Abstand von je 1 cm ½ cm tief einschneiden.

Das Fleisch gut salzen, mit Kümmel bestreuen, mit der Schwartenseite nach oben wieder in die Pfanne legen und ca. 1 ½ bis 2 Stunden braten. Gelegentlich mit dem ausgetretenen Bratenfett begießen. Nach der halben Bratzeit die Hitze reduzieren, die Schwarte salzen, gepressten Knoblauch darauf verteilen, und wenn die Schwarte knusprig hellbraun ist aus dem Backofen nehmen.

Houskovy Knedlík – Böhmischer Knödel

Semmelknödel sind der Umweg über alte Semmeln zum Knödel. Der böhmische Knödel ist die direkte und ursprüngliche Verbindung vom Mehl zum Knödel.

1 Würfel Hefe, 3 EL lauwarme Milch, 250 g Mehl, 2 Eier, Salz

Die Hefe in die Milch bröckeln und zugedeckt 15 Minuten gehen lassen, bis das Dampfl Blasen wirft. Mit Mehl, Eiern und Salz zu einem festen, glatten Teig kneten. Zugedeckt 60 Minuten gehen lassen. Teilen und zwei Rollen von ca. 25 cm Länge und 8 cm Durchmesser formen. In kochendes Salzwasser geben. Im offenen Topf 15 Minuten ziehen lassen, herausnehmen und sofort in ca. 3 cm dicke Scheiben teilen. Entweder sofort servieren oder kurz in der Pfanne anbraten.

Böhmisches Sauerkraut

½ kg Sauerkraut, 80 g Schweineschmalz, 1 Zwiebel, Kümmel, 6 Wacholderbeeren, Salz, 1 Kartoffel

Schmalz in einem Topf zerlassen und die fein gehackte Zwiebel darin goldgelb andünsten. Das Sauerkraut dazugeben und mit etwas Wasser aufgießen. Kümmel, Wacholderbeeren und Salz zugeben, alles gut durchrühren und ca. 15 Minuten dünsten.

Die rohe Kartoffel schälen und fein reiben, unter das Kraut mischen und noch ca. 10 Minuten weiterdünsten.

Mohn

Böhmen und das angrenzende Waldviertel Niederösterreichs sind bekannt für den Mohn. Und das mit gutem Grund. Erstens und vor allem wegen der Mehlspeisen mit Mohn und dann, sagen wir, für die »medizinische Verwendung«. Schon die alten Sumerer wussten vor 6000 Jahren um die Wirkung der »Pflanze der Freude«, wohl weil sie ihn als Rauschmittel benutzten. Die Alten Ägypter verwendeten einen Inhaltsstoff des Mohns, nämlich Opium, als Arznei. Als Gift benutzte Neros Mutter Opium, die ihren Mann, Kaiser Claudius, damit ermordete, um ihrem Sohn auf den Thron zu verhelfen.

Die Produktion von Opium überließen die Böhmen jedoch seit jeher dem Orient. Und Elisabeth hat in die kleine Opiumspritze in ihrer Apotheke sicher keine Graumohndestillate aufgezogen, um sich in Stimmung zu bringen.

Aber trotzdem, nach einer gehörigen Portion Mohnnudeln oder -torte lässt sich die Substanz durchaus im Blut nachweisen.

Mohn-Nussnudeln mit eingelegten Weichseln

Für den Kartoffelteig: *400 g passierte Kartoffeln, 3 Eigelb, 100 g Topfen (Quark), 180 g griffiges Mehl, Salz*

Für die Weichseln (Sauerkirschen): *150 g entkernte eingelegte Weichseln, 80 g Kristallzucker, 0,5 l Rotwein, 1 Vanilleschote, 1 Zimtstange, 1 Sternanis, 1 EL Vanillepuddingpulver*

80 g geriebenen Mohn, 80 g geriebene Haselnüsse, Staubzucker, Butter

Für den Kartoffelteig alle Zutaten rasch verkneten. Eine Rolle formen und davon ca. 2 cm dicke Stücke abschneiden. Zu fingerlangen Schupfnudeln formen. In Salzwasser ca. 2 Minuten kochen, danach in Eiswasser abschrecken, abgießen und beiseite stellen.

Für die Weichseln (Sauerkirschen) den Zucker karamellisieren, mit Rotwein ablöschen, Gewürze beigeben und einkochen. Die Weichseln dazugeben und leicht köcheln lassen. Zum Schluss mit in kaltem Wasser angerührtem Vanillepuddingpulver eindicken.

Etwas Butter in einer Pfanne schmelzen, Nüsse und Staubzucker darin leicht anrösten. Die Schupfnudeln zufügen und durchschwenken. Zum Schluss auch den Mohn beigeben.

Die Mohn-Nussnudeln mit Staubzucker bestreuen und mit Weichselkompott servieren.

Mohn-Torte

150 g gemahlener Mohn, 150 g Butter, 150 g Zucker, 1 Päckchen Vanillezucker, 4 Eigelb, 70 g geriebene Haselnüsse, Salz, Zimt, 4 Eier, Rum, Backaroma, ½ KL Zimt, 50 g Mehl, 1 Packung Vanillepuddingpulver, Backpulver, Milch

Die Butter schaumig rühren und nach und nach Zucker, Vanillezucker, die Eigelb, das Rumaroma nach Geschmack und etwas Zimt hinzugeben. Das mit Puddingpulver und Backpulver versiebte Mehl und den Mohn abwechselnd mit der Milch unterrühren. Zuletzt das Eiweiß zu einem steifen Schnee schlagen und vorsichtig unter den Teig heben.

Den Teig in eine befettete Springform füllen und im vorgeheizten Backofen 20 Minuten bei Mittelhitze und weitere 20 Minuten bei reduzierter Hitze backen. Die ausgekühlte Mohntorte mit Staubzucker bestreuen.

Mohngefrorenes mit Mandelsauce

Eisdessert aus Mohn ist eine Mischung vom Feinsten und hätte sicher den Geschmack der Kaiserin getroffen. Denn beim

Essen achtete Sie auf jedes Gramm, das sich beim dreimaligen täglichen Wiegen festsetzen könnte. Nur bei Eis und Torten genoss sie jeden Bissen. Und Mandeln waren ein Grundbestandteil der feinen Küche.

120 g Mohn, 1 Vanilleschote, 0,2 l Milch, 4 Eigelb, 120 g Zucker, 1 EL Bienenhonig, 0,4 l Obers (Sahne)

Für die Mandelsauce: *3 Eigelb, 50 g Zucker, 100 g Rohmarzipan, ¼ l Milch, 60 g geröstete und geschälte Mandeln, ½ Vanilleschote, Mandellikör*

Für das Mohngefrorene den Mohn fein mahlen, mit der Vanilleschote in der Hälfte der Milch ca. 8–10 Minuten kochen. Die Vanilleschote herausnehmen, das Mark auskratzen und dieses zur Mohn-Milchmasse geben.

Eigelb und Zucker cremig verrühren.

Die zweite Hälfte der Milch mit dem Honig aufkochen und nach und nach über dem Wasserbad unter die Eigelbmasse rühren und aufschlagen, bis sie eine cremige Konsistenz hat. Abkühlen lassen, den Mohnbrei darunterrühren und im Kühlschrank erkalten lassen.

Das Obers (die Sahne) steif schlagen und vorsichtig unter die Mohnmischung heben. In eine Kastenform füllen, im Tiefkühlschrank mindesten 3–4 Stunden durchfrieren lassen. Kurz vor dem Anrichten die Form für eine Sekunde in heißes Wasser tauchen und auf einen Teller stürzen.

Für die Mandelsauce das Eigelb und den Zucker cremig aufschlagen. Mandeln mit Milch und Vanilleschote aufkochen. Vom Feuer nehmen, das ausgekratzte Vanillemark wieder zur Milch-Mandelmasse geben. Mit kleinwürfelig geschnittenem Rohmarzipan in die Eigelbmasse einrühren. Über dem heißen Wasserbad so lange rühren, bis die Masse andickt. Die Sauce abkühlen lassen.

Wenn man es original böhmisch will, muss man den Mandellikör selber machen, aber in Erinnerung an die Kaiserin kann man auch handelsüblichen Mandellikör aus Mallorca in die Sauce einrühren.

Erzsébet – Die ungarische Königin

»Mit riesiger Freude nahm ich die Nachricht auf, dass Gödöllö unser Besitz sein wird, und erwarte kaum den Augenblick, wo es in Ordnung kommt und wir dort werden wohnen können. Jetzt bin ich noch neugieriger, wenn ich es nur bald sehen könnte.«
(BRIEF ELISABETHS VOM 17. 3. 1867 AN KAISER FRANZ JOSEPH)

Der Name Ungarn ist ein Irrtum.

Die Ungarn selbst nennen sich selbstbewusst *»Magyaren«* aus dem Ugrischen *»Mensch, Mann, Geschlecht«*. Es war der Name eines der nomadischen Stämme, die das Land im 9. Jh. besiedelten.

Der Name *»Ungarn«* stammt vom zu *Hungarus* latinisierten bulgarotürkischen *Onogur* (= zehn Stämme). Und da man nur versteht, was man weiß, verwechselte man es mit den Angstgegnern *»Hunnen«*, die unter Attila das Römische Reich an den Rand der Zerstörung brachten.

Die Österreichisch-Ungarische Monarchie war nach Russland der zweitgrößte aller europäischen Staaten mit 600.000 Quadratkilometer Fläche und 11 Nationalitäten mit insgesamt 35 Millionen Menschen.

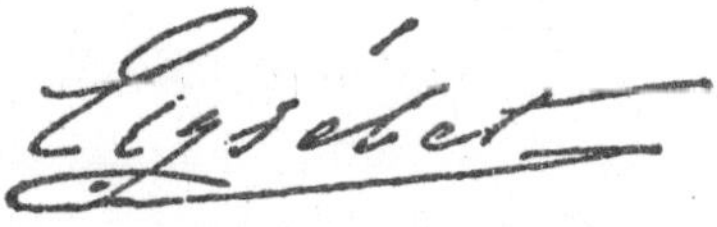

Während der Niederschlagung der 48er-Revolutionen in Europa kam es zum bewaffneten Widerstand. Nach einem knapp einjährigen Freiheitskrieg der Ungarn siegte der 18-jährige Franz Joseph I. mit Hilfe des russischen Zaren.

Elisabeths Interesse, deren politisches Engagement man am Hof kaum zuließ, galt dem Ausgleich mit Ungarn, an dessen Zustandekommen die Dreißigjährige 1867 aktiv mitwirkte. Am 8. Juni 1867 kniete eine stolze Elisabeth, die sonst Repräsentations-Auftritte möglichst mied, in der Budapester Matthiaskirche. Als man ihre rechte Schulter mit der heiligen Stefanskrone berührte, wurde sie zu Erzsébet, Königin von Ungarn, gekrönt.

»Sie war überhaupt eine viel bedeutendere Frau, als man gewöhnlich glaubt.«

(DER PARLAMENTARIER JOHANN VON CHLUMECKY AM 9. 12. 1901)

Erzsébets Erscheinung war die einer Märchenkönigin. Sie trug ungarische Nationaltracht in majestätischer Ausführung mit Diamanten und Perlen am schwarzen Mieder. Um sie herum acht ausgewählte ungarische Palastdamen. Später trug sie eine prachtvolle weiße Robe und Diamanten im Haar. Ihre Dankesrede nach der Verleihung der Königinnenwürde hielt sie frei in fehlerlosem Ungarisch. Als Geschenk erhielt sie das Schloss Gödöllö.

Als Elisabeth begann Ungarisch zu lernen, wollte dies der Kaiser nicht erlauben, mit der Begründung: Sisi werde es nie lernen, da sie ja schon mit dem Tschechischen so große Schwierigkeiten habe. Man machte sich am Hof über sie lustig, aber schon am 20. 10. 1863 schrieb der Kaiser an seine Mutter, dass Sisi unglaubliche Fortschritte mache.

Sie hatte gute Lehrer und vor allem eine ungarische Vertraute: Ida Ferenczy. Diese stand nicht auf der Liste der vom Hof empfohlenen Hofdamen und konnte es der niederen Herkunft wegen auch nicht werden. Aber in Österreich gibt es immer einen Ausweg. Ida wurde nicht Hofdame, aber *»Vorleserin Ihrer Majestät«* und *»Brünner Stiftsdame«* und hatte damit das

Vorrecht, als *»Frau«* angesprochen zu werden. Außerdem bekam sie 150 Gulden Monatsgehalt und freie Kost und Quartier.

»In Gödöllö trieb sich allerlei lichtscheues Pack, von Schmutz starrende, in Fetzen gehüllte Männer, Fraun und Kinder herum. Die Kaiserin ließ oft eine ganze Gesellschaft ins Schloß komen, bewirten und mit Nahrungsmitteln reichlich beschenken.«
(ERINNERUNGEN DES KAMMERDIENERS EUGEN KETTERL)

Das Lumpengesindel waren *Hajdú,* die Heiducken, die Treiber der riesigen Viehherden, die arbeitslos geworden waren und sich als Söldner oder als Leibwächter verdingten. Und die *Czigány*, die Zigeuner, das Volk der Sinti und Roma.

Die ungarischen Roma waren – im Gegensatz zu den spanischen Zigeunern – Sklaven der ungarischen Fürsten. In Rumänien wurde die Sklaverei überhaupt erst 1855 abgeschafft. Um die Diskriminierung zu beseitigen, versuchte es Maria Theresia mit einer Namensänderung. Die Roma sollten nicht mehr Zigeuner genannt werden, sondern *»neue Siedler«*.

Feindseligkeiten gegenüber Zigeunern waren immer mit der romantischen Faszination ihres traditionellen und »freien« Lebensstils und einer Anerkennung ihrer Musik verbunden, die in die Hochkultur etwa der »Carmen« Eingang gefunden hat.

Sie lebten als Schmiede, und zwar als Waffenschmiede ebenso wie als Kesselflicker, und Pferdehändler. Und sie hoben als Werber für das Militär Soldaten aus – sie waren »Burschenfanger«.

István Horváth, Zigeunersänger, wie er sich nennt, hat ein Rezept überliefert, um die Burschen, die als Soldaten gekeilt wurden, vom schönen und satten Leben an vollen Kesseln zu überzeugen.

Burschfanger Wirsingsuppe

½ kg geräucherter Schweins-Schopfbraten, 1 Zwiebel, 2 Knoblauchzehen, 100 g Gerste, 1 Wirsingkohl, Pfeffer, Salz, Mehl, Schmalz, Paprikapulver, Sauerrahm (Saure Sahne)

Das Selchfleisch in 1,5 l Wasser kochen, und wenn es fast weich ist die Gerste, in Streifen geschnittenen Kohl und die zerdrückten Knoblauchzehen zugeben. Wenn das Fleisch gar ist, aus der Suppe nehmen.

Reichlich Mehl in heißem Fett leicht anrösten, Paprika zugeben, salzen und pfeffern, mit der Suppe aufgießen und verkochen, bis eine dicke Suppe entsteht.

Das Fleisch in mundgerechte Stücke schneiden und in die Suppe geben. Dazu weiches weißes Brot und Saure Sahne reichen.

Kesselgerichte

Die Kupferkessel sind ein typisches Produkt ungarischer Kupferschmiede. Denn die Roma waren nicht nur gesuchte Waffenschmiede, sondern auch Hersteller der Kessel, in denen Suppen und Pörkölt gekocht wurden. In Hortobágy in der ungarischen Puszta, in Hajdú-Bihar Megye, gibt es immer noch einen großen Kesselmarkt.

Bei der Krönung zum ungarischen König und zur Königin gab es ein prunkvolles Schauessen, bei dem alle Geladenen speisten, die Gekrönten aber nur etwas Wein zu trinken bekamen und das Volk überhaupt nur das Zuschauen hatte. Beim Nachfest auf der Generalwiese aber gab es Gratisessen für alle. Neben Hammeln am Spieß und wagenradgroßen Pfannen mit Fischpörkölt brodelte in Riesenkesseln das Gulasch.

Vielleicht ist es die Romantik der Puszta, aber die im Freien im Kessel gekochten Fischsuppen und Pörkölt scheinen schmackhafter und besser als die in der Küche gekochten. Also warum nicht einmal ein kleines Grillfest durch eine Kesselsuppe am Lagerfeuer veredeln.

In Gyomaendröd an der Körös findet alljährlich ein Fischsuppen-Kochwettbewerb statt. Der Name ist übrigens schon das Schwierigste an der Sache.

Halászle – Szegediner Fischsuppe

1 kg Kleinfisch, 2 kg Karpfen, Zander, Flussbarsch, Aal oder Rotauge, 4 mittelgroße Zwiebeln, 60g Paprika edelsüß, 40g Salz, 2 Kirschpaprika, 0,6 l trockener Weißwein, 1–2 scharfe Paprikaschoten

Von den zugerichteten Fischen Kopf und Schwanz abtrennen und das Fleisch in ca. 2 cm breite Stücke schneiden, salzen und 1 Stunde stehen lassen.

Die Zwiebeln in Ringe schneiden und zusammen mit den Kleinfischen in den Kessel geben. Kopf und Schwanz darauf legen, mit so viel kaltem Wasser aufgießen, dass alles gut bedeckt ist. Bei großem Feuer 30 Minuten kochen. Nach dem Aufkochen salzen und die Hälfte des Paprika und Kirschpaprika zugeben. Fischkopf und Gräten entfernen und die Suppe mit den Kleinfischen abseihen, durchpassieren. Die Fischstücke hineingeben und weitere 10 Minuten kochen. Mit der zweiten Hälfte Paprikapulver und dem Wein abschmecken und noch ca. 20 Minuten kochen. Die scharfen Paprikaschoten (oder Pfefferoni) in kleine Ringe schneiden und über die Suppe streuen. Dazu frisches Weißbrot servieren.

Latschau – Roma Letscho

Es gibt auch ein nahezu vegetarisches Kesselgericht der Roma.

200g magerer Speck, 3–4 große Zwiebeln, 2 kg grüne Paprika, ½ kg Tomaten, 2–3 Kartoffeln, 2–3 EL Rosenpaprika, 2–3 scharfe Kirschpaprika, Salz

Die Paprikaschoten in Ringe schneiden, die Tomaten vierteln, die Kartoffeln schälen und in Scheiben schneiden.

Speck auslassen und im Speckschmalz die klein gehackten Zwiebeln goldgelb andünsten. Mit Paprika bestreuen und die Gemüse dazugeben, salzen und zugedeckt weichdünsten. Mit scharfen Paprikaschoten würzen, abschmecken und heiß servieren.

Paprika

Amerika musste entdeckt werden, damit es die ganz spezielle ungarische Küche gibt. Der »spanische Pfeffer«, wie die Paprika genannt wurden, kam mit der Entdeckung Amerikas durch die wandernden Cigan nach Ungarn.

Paprika sind Beerenfrüchte eines Nachtschattengewächses. Beim Gemüsepaprika enthalten die Früchte Vitamin C und werden roh, gekocht oder gedünstet gegessen. Der Gewürzpaprika liefert dagegen sehr scharf schmeckende Früchte, die getrocknet und zermahlen als Gewürz dienen. Die Schärfe verursacht das Alkaloid Capsaicin, das auch medizinisch für die Durchblutung der Haut und gegen rheumatische Erkrankungen eingesetzt wird.

Gewürzpaprikasorten

Spezial: glänzend feuerrot, aromatisch, würzig duftend, süß, kaum scharf, besonders fein gemahlen.

Mild: hellrot, aromatisch nicht scharf, weniger fein gemahlen.

Delikatess: hellrot, aromatisch, kaum scharf, mittelgrob gemahlen.

Edelsüß: dunkles sattes Rot, leicht scharf, mittelgrob gemahlen.

Halbsüß: helles mattes Rot, würzig, angenehm scharf, mittelgrob gemahlen.

Rosenpaprika: lebhaftes Rot, scharf, mittelgrob gemahlen.

Scharf: helles Braunrot, Ziegelrot oder Gelb, sehr scharf, mittelfein gemahlen.

Ohne Paprika gäbe es kein Gulasch, was in Ungarn eigentlich eine Suppe ist, und kein Pörkölt, was wiederum anderswo das Gulasch ist.

Pörkölt gilt als charakteristische Zigeunerspeise, überwiegend wegen der schärferen Würzmethode.

Sertéspörkölt – Schweinspörkölt

1 kg Schweinefleisch, 3 EL Schweineschmalz (oder Öl), 1 große Zwiebel, 3 EL süßer Paprika, 1 EL Rosenpaprika, 1 KL Pfeffer, 1 große Tomate, 2–3 Paprikaschoten, Salz

Die klein geschnittenen Zwiebeln in Schmalz anrösten. Paprika hinzugeben, verrühren, das Fleisch in ca. 2 cm große Würfel schneiden, hineingeben, salzen, pfeffern und weiterrösten. Nach einigen Minuten mit ganz wenig Wasser löschen und zugedeckt bei kleiner Hitze schmoren. Gelegentlich umrühren und verkochten Bratensaft mit wenig Wasser ergänzen. Nach etwa 40 Minuten die in Streifen geschnittenen Paprikaschoten und die würfelig geschnittene Tomate zugeben und fertig garen.

Borjúpaprikás – Kalbspaprikasch

1 kg Kalbfleisch, 1 mittlere Zwiebel, Fett, Rosenpaprika, Salz, 2 Paprika, 1 Tomate, 1 Becher Sauerrahm (Saure Sahne), Mehl

Das Fleisch würfelig schneiden, die Zwiebel sehr fein schneiden. Etwas Fett erhitzen und die Zwiebel darin hell anrösten. Vom Herd nehmen, mit 1 TL Paprika würzen und mit wenig Wasser ablöschen. Kurz aufkochen lassen, das Fleisch dazugeben und zugedeckt garen. Wenn notwendig mit etwas Wasser aufgießen. Nach etwa drei Viertel der Garzeit den in schmale Streifen geschnittenen Paprika und die klein geschnittene Tomate zugeben. Den Sauerrahm (Saure Sahne) mit 2 EL Mehl verrühren, zum Fleisch geben und nochmals kurz aufkochen.

Mit einigen Streifen grünem Paprika und einem Löffel Sauerrahm (Saurer Sahne) dekorieren.

Die Küche der Reichen und Schönen

Das alles ist durchaus schwere Kost, die da aus den Kesseln kommt. Aber es gibt auch die feine ungarische Küche. Eine, die in den Nobelrestaurants, den Hotels und Cafés der Monarchie entstanden ist. Etwa im Restaurant Gundel, das im elegantesten Hotel der Stadt seinen Anfang nahm. Hier wurde die ungarische Küche verfeinert. Oder durch József Marchal, der das Diner anlässlich der Krönung von Ferenc József und Erzsébet kreierte. Oder dem New York Café, das, 1884 eröffnet, eines der berühmtesten Cafés der Welt ist, und die Konditorei Gerbeaud, die 1861 mit Glanz und Glorie eröffnet wurde.

Eine der Lieblingskonditoreien Elisabeths – und sie hatte europaweite Vergleichsmöglichkeiten – war das Café Ruszwurm, gegründet 1827.

Die von der Magersucht gefährdete Schönheit Sisi wusste durchaus die Genüsse eines guten Essens zu schätzen, wenn die Gesellschaft, in der sie es einnahm, stimmte.

»Obwohl ich weiß, dass Sie nicht gerne Einladungen zum Mittagessen annehmen, lassen Sie mich dennoch hoffen, dass Sie in diesem Fall eine Ausnahme machen bei Ihrer Verehrerin Erzsébet.«

(ELISABETH, KÖNIGIN VON UNGARN, AN DEN UNGARISCHEN DICHTER JOSEF EÖTVÖS)

Zu den nobelsten, wenn auch sehr einfachen Gerichten gehört die ungarische Gänseleber. Das Erstaunliche mag sein, dass 100g davon nur 141 Kalorien haben, im Gegensatz dazu die gleiche Menge trockenes Toastbrot aber 264 Kalorien.

Libamáj – Gänsestopfleber

½ Gänseleber (ca. 400g), ½ l Milch, 1/16 l Cognac, ½ l Bouillon, 6 Blätter Gelatine, ein Glas Madeira oder Tokajer

Die Leber – sie soll möglichst hellgelb sein – sorgfältig putzen.

Milch mit Cognac mischen und erwärmen. Die Leber hineingeben und ca. 20–30 Minuten, je nach Größe der Leber, leicht köcheln lassen. Die Leber bleibt zarter und geschmackvoller, wenn sie so pochiert und nicht gebraten wird.

Die Leber aus der Milch nehmen, trocken tupfen und auskühlen lassen.

Aspik wie im Rezept auf Seite 161, mit Madeira oder *Tokaji szamorodni édes* abgeschmeckt, zubereiten.

In eine Porzellanform etwas Aspik als Boden eingießen und im Kühlschrank kalt stellen. Wenn der Boden fest ist, die Gänseleber darauflegen und mit dem Aspik übergießen, so dass die Leber völlig bedeckt ist. Kalt stellen, bis das Aspik fest geworden ist.

Vor dem Servieren die Leber in ca. 7 mm dicke Scheiben schneiden. Die Leber muss innen noch rosig sein. Das Aspik kleinwürfelig hacken und dazu reichen. Es zerfließt im Mund zu feinster würziger Bouillon und ergänzt genial den sanften Geschmack der Leber.

Hühnerleber-Parfait

200 g helle Hühnerleber, 2 Schalotten, 1 Glas Tokaji szamorodni édes, 1/4 l Schlagobers (Sahne), 4 Blatt Gelatine, Salz, weißer Pfeffer, Butter

Die Geflügelleber in der Butter anschwitzen, salzen und pfeffern. Aus dem Fett nehmen und die fein geschnittenen Schalotten goldgelb anrösten. Die Leber wieder zugeben und mit dem Tokajer ablöschen. Kurz aufkochen und abkühlen lassen. Alles in der Küchenmaschine pürieren.

Die in etwas Wasser aufgelöste Gelatine mit der noch warmen Masse mischen und geschlagenes Obers (Sahne) unterziehen. In eine Pastetenform füllen und kalt stellen.

Mit einem Löffel ausstechen und mit Buttertoast und Senffrüchten servieren.

Hideg meggyleves – Kalte Sauerkirschsuppe

Zu den großen Überraschungen der ungarischen Küche gehört nach der Vorspeise und vor dem Hauptgericht eine Obstsuppe. Der fruchtige Geschmack der süßen Suppe harmoniert hervorragend mit den scharf gewürzten Speisen nachher.

1 kg frische Sauerkirschen, 120 g Zucker, 8 Nelken, ½ Zimtstange, Saft einer Zitrone, Salz, 1 Becher Sahne, 0,2 l Buttermilch, 0,1 l Rotwein, Cognac

Die entkernten Kirschen in etwa ¾ l kaltem Wasser aufsetzen. Nelken und Zimtstange in einem Gazebeutel dazugeben, Zucker, Salz und Zitronensaft zufügen und kochen. Wenn die Kirschen weich sind, die Hälfte der Kirschen, die Nelken und den Zimt herausnehmen. Zum verbliebenen Rest die Buttermilch und die Sahne gießen und mit dem Küchenstab pürieren. Danach die ganzen Kirschen in die Suppe geben, mit dem Rotwein aufgießen und kalt stellen. Vor dem Servieren mit Cognac abschmecken.

Esterházy-Rostbraten

Die Fürsten Esterházy von Galántha waren und sind eine der reichsten ungarisch-österreichischen Familien. Ihnen gehörten in Österreich-Ungarn 450 Dörfer und Marktflecken, 21 Schlösser und noch immer werden 23.000 Hektar Wald und Landwirtschaft von ihnen bewirtschaftet. Sie förderten die Kunst, so war Joseph Haydn ihr Hauskomponist und Kapellmeister, sie waren Mäzene von Schubert und Liszt. Und wenn ein Gericht besonders kostbar war, dann wurde es nach Esterházy benannt, der in mit Perlen und Diamanten bestickter Magnatenuniform mit Perlengehängen an den Stiefeln auftrat.

4 Rostbraten (je ca. 200 g), 2 Zwiebeln, ⅛ l Sauerrahm, ¼ l Bouillon, Wurzelwerk aus ⅛ Sellerieknolle, 1 Karotte, 1 Petersilwurzel, Lauch, 3 EL Mehl, Senf, gehackte Petersilie, 2 EL Kapern, Zitrone, Öl, Salz, Pfeffer

Das Fleisch leicht klopfen, am Rand einschneiden, salzen und pfeffern. Öl in einer Pfanne erhitzen und das Fleisch von beiden Seiten scharf anbraten. Herausnehmen und warm stellen.

Zwiebeln schälen und fein schneiden, im verbliebenen Bratfett in der Pfanne anbraten. Mit Mehl stauben, mit Bouillon ablöschen und den Bodensatz loskochen. Den Rostbraten wieder hineinlegen und bei zugedecktem Deckel bei kleiner Hitze ca. 20 Minuten weich dünsten.

Das Wurzelwerk und die Schale der halben Zitrone in ganz feine Streifen schneiden. Zitronen- und Gemüsestreifen getrennt in kochendem Salzwasser blanchieren, kalt abschrecken und gut abtropfen lassen.

Die fertigen Rostbratenstücke aus der Sauce nehmen und warm stellen. Den Sauerrahm mit etwas Mehl und Senf vermischen und die Sauce damit binden, die Kapern zugeben und mit Salz und Pfeffer abschmecken. Die Rostbratenstücke auf die vorgewärmten Teller legen, mit etwas Sauce überziehen und mit den erwärmten Gemüse- und Zitronenstreifen belegen.

Paprikás csirke – Paprikahuhn

1 Brathuhn, 3–4 Zwiebeln, 2 Tomaten, 1 Paprikaschote, 1 EL Paprika edelsüß, Öl, 1 Becher Sauerrahm (Saure Sahne), 1 EL Mehl, 2–3 Knoblauchzehen, Salz

Das Huhn in mehrere Stücke teilen. Die klein geschnittenen Zwiebeln in heißem Öl anrösten, Paprika hinzugeben und verrühren. Die Fleischstücke dazugeben, salzen und weiter rösten. Nach einigen Minuten den zerdrückten Knoblauch zugeben und zugedeckt bei kleiner Hitze schmoren. Zeitweise rütteln und wenig Wasser nachgießen. Das Fleisch soll aber möglichst im eigenen Saft schmoren. Nach etwa einer halben Stunde in Streifen geschnittene Paprika und gewürfelte Tomaten zugeben.

In den letzten 10 Minuten das Fleisch aus der Sauce nehmen. Den Sauerrahm (Saure Sahne) in die Sauce gießen, die Fleischstücke wieder hineinlegen und kurz aufkochen.

Dazu isst man Nockerln.

Paprikahuhn ist ein wichtiger Grundstoff von vielen ungarischen Speisen. Es ist zum Beispiel die köstliche Fülle der Hortobágyi Palatschinken. Von Palatschinken und deren köstlichen Füllungen ist dann auf Seite 153 ff. ausführlich die Rede.

Hier zunächst aber noch eine jener Torten, die zu den edelsten der ungarischen Küche gehört.

Dobos-Torta – Doboschtorte

Diese Torte des Konditormeisters József Dobos wurde erfunden, weil sie ohne Kühltechnik mindestens 10 Tage genießbar sein sollte. Dass das Publikum sie ausgesprochen schmackhaft fand, hat ihn selber überrascht. Er stellte seine Erfindung auf der Weltausstellung 1885 vor und Erzsébet, die ungarische Königin und Souveränin über Europas Konditoreien, war begeistert. Die Konditorei Ruszwurm in Budapest stellt sie noch heute nach dem Originalrezept her.

Für den Teig: *6 Eier, 150 g Mehl, 120 g Zucker*

Für die Creme: *9 Eier, 300 g Zucker, 400 g Butter, 30 g Vanillezucker, 50 g Vanillepudding-Pulver, 100 g geschmolzene Schokolade*

Für die Glasur: *150 g Würfelzucker, 1 TL Zitronensaft*

Für den Biskuitteig die Eier trennen. Zwei Drittel des Eiweiß mit dem Zucker zu steifem Schnee schlagen, den verbleibenden Zucker mit dem Eigelb zu Schaum schlagen. Den Eischnee vorsichtig unter das Eigelb heben und das Mehl untermischen. Auf gefettete und bemehlte Backbleche sechs dünne Teigblätter aufstreichen. Diese bei 180 Grad backen und vom Blech trennen.

Für die Creme die Butter schaumig rühren und die geschmolzene Schokolade unterrühren. Die ganzen Eier mit Zucker, Vanillezucker und Puddingpulver vermischen und über Dampf im Wasserbad unter ständigem Rühren erwärmen. Danach bis zum Erkalten schaumig schlagen. Zum Schluss den Eierschaum locker unter die Schokoladenbutter ziehen.

Fünf Blätter des Tortenbodens mit der Creme bestreichen und aufeinander schichten.

In einem Topf den Zucker mit dem Zitronensaft unter ständigem Rühren goldgelb karamellisieren und rasch über den sechsten Tortenboden gießen. Sofort, bevor die Glasur noch aushärtet, in 16 gleich große Tortenstücke schneiden und auf die Doboschtorte legen.

Den Tortenrand mit Mandelsplittern bestreuen.

Tokaji

Zu den Mehlspeisen trank Sisi gerne Tokajer, über den die Hofkellerei reichlich verfügte und der auch Mittel der Diplomatie war. Als Ferenc Rákócsi versuchte, Ungarn von den Habsburgern zu lösen, startete er massive, wenn auch erfolglose Bestechungsversuche beim Zaren, beim sächsischen Kurfürsten, beim französischen und beim polnischen König und bei Friedrich dem Großen. Politisch war die Aktion erfolglos, aber der Wein wurde zum kaiserlich-königlich-fürstlichen Marketingerfolg. Kaiser Franz Joseph schickte der Queen Victoria jedes Jahr zum Geburtstag Tokajer.

Auch Schubert hatte ein Gedicht auf den Tokajer vertont.

Es gibt den Tokjer in verschiedenen Ausbaustufen. Der *Tokai aszú* (Auslese) hat hohen Zuckergehalt und ca. 12 Vol. % Alkohol.

Der *Tokai aszú eszencia* (Trockenbeeren Auslese) lagert 15 Jahre im Holzfass und hat höchstens 6–10 Vol. % Alkohol.

Den *Tokai szamorodni* (von polnisch »so wie er wächst«) gibt es *száraz* (trocken) und *édes* (süß).

Palcsinta – Palatschinken

Palatschinken sind die zweite Stufe der Entwicklung der Esskultur. Palatschinken sind der Übergang vom primitiven Brei zum Gebackenen. Erst mit der Kreation der Teigfladen, die gleichzeitig Teller, Verpackung und Nahrung waren, Brot, Beilage und Süßspeise, beginnt die Kulinarik.

Palatschinken und *Pfannkuchen* – oder *Tortillas* in Mexiko, *Crêpes* in Frankreich, *Po-ping* in China, *Papadam* und *Capati* in Indien, *Lefse* oder *Flatbrød* in Norwegen, *Pide* oder *Dürüm* in der Türkei, die griechische *Pita, die Piceà* in Neapel, die jüdische *Matze* und die christliche *Hostie* – sie alle sind nur Variationen einer Speise, von der die Palatschinken die genussvollste Ausformung sind.

Palatschinkenteig

Palatschinken sind Pfannkuchen aus dünnflüssigem Teig, die sehr dünn gebacken werden. Sind sie dick und luftig flaumig, dann werden sie aus dickerem Teig zubereitet und heißen Omelette. Die Palatschinken sind nur die Verpackung des Inhalts mit seinen fantastischen Variationsmöglichkeiten von pikant bis süß.

Für etwa 10 Palatschinken: 140 g Mehl, ¼ l Milch, 2 Eier, 1 Eigelb, Salz, Öl, Sodawasser (Wasser mit Kohlensäure), 1 EL Zucker

Aus den Zutaten einen glatten Teig rühren. Mit Sodawasser aufspritzen, bis er dünnflüssig ist. Eine halbe Stunde ruhen lassen.

Den Zucker nur bei Palatschinken mit süßer Fülle dazugeben.

Idealerweise eine Eisenpfanne mit Öl auspinseln und einen Schöpflöffel Teig in die Mitte der heißen Pfanne gießen. Durch Drehen und Schwenken den Teig auf die gesamte Pfanne verteilen und von beiden Seiten goldfarben backen. Warm stellen und für die nächste Palatschinke die Pfanne wieder etwas einölen.

Hortobágyi Palcsinta – Hortobágyi Palatschinken

Dazu werden 8 Palatschinken ohne Zucker gebacken.

Vom Paprikahuhn, wie im Rezept auf Seite 151, wird das Fleisch durch den Fleischwolf gedreht. Die Sauce mit Saurer Sahne aufgießen, kurz aufkochen und einen Teil davon mit der Fleischfarce zu einer streichfähigen Masse verrühren.

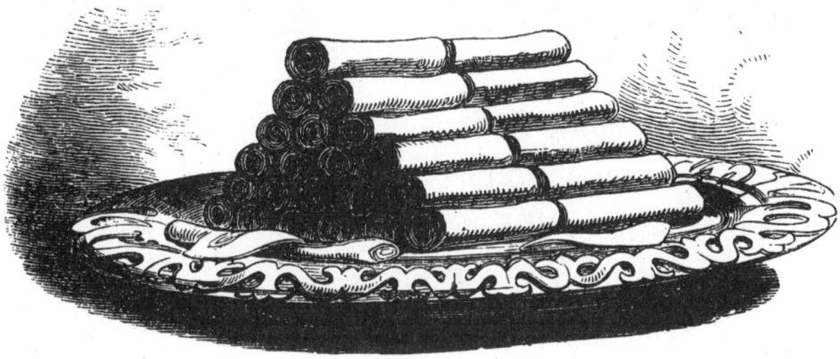

Die Palatschinken damit in der Mitte dick bestreichen und so zusammenrollen, dass die Ränder eingeschlagen werden können und ein Paket entsteht. In eine feuerfeste Form legen, mit der restlichen Sauce übergießen und im Backofen bei mittlerer Hitze ca. 10 Minuten überbacken.Mit Sauce, Paprikaringen und einem Tupfer Saurer Sahne dekorieren.

Eine andere Form der pikanten Palatschinken in Ungarn sind die folgenden, bei denen endlich der Schinken in die -schinke kommt.

Rántott sonkás palacsinta – Panierte Palatschinke mit Schinkenfüllung

150 g gekochter Schinken, 40 g Butter, 0,2 l Milch, Salz, Pfeffer, Paprikapulver, Mehl, Semmelbrösel, 2 Eier, Öl

Die Palatschinken nach dem Grundrezept zubereiten.

Den Schinken durch den Fleischwolf drehen, die Butter erhitzen, 5 EL Mehl anrösten und mit der Milch aufgießen. Zu einer dicken Sauce einkochen lassen. Salzen, pfeffern und die Schinkenfarce einrühren. Mit Paprika abschmecken.

Reichlich Schinkenmasse auf die Palatschinken geben und zu Vierteln falten. In je einen Teller Mehl, verschlagene Eier und Brösel geben. Die Palatschinkenviertel wie beim Wiener Schnitzel durchziehen und in reichlich heißem Öl von beiden Seiten goldgelb backen.

Die Königin der ungarischen Palatschinken ist die süße Zubereitung aus dem berühmten Restaurant Gundel.

Gundel-Palacsinta – Gundel-Palatschinken

Nussfüllung: *150g Nüsse, 150g Rosinen, 150g Puderzucker, 1 Becher Sahne, abgerieb. Zitronenschale, Vanillezucker, 0,1l Rum*

Schokoladenguss: *0,15l Milch, 3 Eigelb, 30g bittere Schokolade, 100g Kakao, 100g Zucker, 30g Butter, 0,1l Rum*

Die Palatschinken nach dem Grundrezept zubereiten.

Für die Füllung die gemahlenen Nüsse mit den übrigen Zutaten mischen. Die Palatschinken mit der Nussmasse füllen und auf Dreiecke falten.

Für den Schokoladenguss die Milch mit den Eigelb, dem Zucker und der Butter mit dem Schneebesen verrühren. Die geriebene Schokolade, Kakao und Zucker in die Schokoladenmilch geben und unter ständigem Rühren aufkochen. Die Butter in die Sauce rühren und mit Rum abschmecken.

Die gefüllten Palatschinken mit Zucker bestauben und die Schokoladensauce darübergießen und mit etwas geriebenen Nüssen bestreuen.

Dieser üppigen ungarischen Palatschinkenvariation steht die einfache, klassische wienerische gegenüber.

Palatschinken mit Marillenmarmelade

Die Palatschinken, die nach dem Grundrezept zubereitet werden, heiß mit etwa 1 EL Marillenmarmelade füllen. Marille ist die EU-konforme Benennung der Aprikosen in Österreich. Die Marmelade mit etwas *Barackpálinka,* dem duftenden Aprikosenschnaps, abschmecken. Mit Puderzucker bestreuen. In Ungarn heißen die Marillen-Palatschinken *Lekváros palacsinta.*

Ein ebenso duftendes Wunder sind die folgenden.

Hátszegi palacsinta – Topfen-Palatschinken

Für die Füllung: *200g Topfen (Quark), 2 Eigelb, 150g Puderzucker, 2 Päckchen Vanillezucker, 50g Rosinen, abgeriebene Zitronenschale*

Für den Überguss: *0,2 l saure Sahne, 3 Eigelb, 5 Eiweiß, 50 g Butter, 50 g Zucker*

Die Palatschinken nach dem Grundrezept zubereiten.

Den Topfen (Quark) fein passieren und mit Eigelb, Puderzucker, abgeriebener Zitronenschale, Vanillezucker und Rosinen abmischen.

Die Palatschinken mit der Masse füllen und einrollen. In eine gefettete, feuerfeste Form geben. Die Sauce aus saurer Sahne mit Eigelb, Zucker, Butter und Eischnee verrühren und die Palatschinken damit begießen. Im Backofen ca. 7 Minuten backen, dann mit Vanillezucker bestreuen.

Gesztenyés palacsinta – Maroni-Palatschinken

Die Palatschinken nach dem Grundrezept zubereiten.

Für die Füllung Maronicreme (Püree aus Esskastanien), die es in Ungarn tiefgekühlt zu kaufen gibt, mit etwas Rum und Vanillezucker abmischen, eventuell mit Obers (Sahne) streichfähig machen und in die heißen Palatschinken füllen. Mit Puderzucker bestreuen.

Gibt es nur den trockeneren tiefgekühlten Kastanien-Reis, dann mit einem halben Becher Sahne (Obers), Rum und Vanillezucker verrühren.

Mákos Palacsinta – Mohn-Palatschinken

120 g gemahlener Mohn, 80 g Puderzucker, 2 Päckchen Vanillezucker, 0,1 l Milch, Rosinen, Rum

Die Palatschinken nach dem Grundrezept zubereiten.

Die Rosinen in etwas Rum einweichen. Mohn, Zucker, Vanillezucker und die Rosinen vermischen, mit der heißen Milch aufgießen und zu einer festen cremigen Mischung verrühren. Auf die heißen Palatschinken streichen und einrollen oder zu Vierteln falten. Mit Puderzucker bestreuen.

Elisabeths Reiselust

»Die Reiseziele sind nur deswegen begehrenswert, weil die Reise dazwischen liegt. Wenn ich irgendwo angekommen wäre und wüsste, dass ich nie mehr mich davon entfernen könnte, würde mir der Aufenthalt selbst in einem Paradies zur Hölle. Der Gedanke, einen Ort verlassen zu müssen, rührt mich und lässt mich ihn lieben.«

(*ELISABETH ZU KONSTANTIN CHRISTOMANOS, IHREM GRIECHISCHLEHRER*)

Sisi war viel auf Reisen. Sie wollte weg, fort vom Hof und der Hofgesellschaft, nur irgendwohin. Ihre erste längere Flucht-Reise ging nach Madeira.

Im Winter 1859 gehen in Wien Gerüchte über Liebschaften von Franz Joseph um. Das und der Höhepunkt der Auseinandersetzungen mit der Schwiegermutter führen bei der dreiundzwanzigjährigen Kaiserin Elisabeth, die bis dahin drei Kinder geboren hatte, zu einer *»lebens-gefährlichen Lungenaffektation«*. Ein medizinischer Vorwand, um die Reichs-Haupt- und Residenzstadt Wien, die Schwiegermutter und den liebenden – und zwar auch alle möglichen Frauen und Weiber der Umgebung – Ehemann zu verlassen. Der Lungenarzt Dr. Skoda empfahl Madeira.

Obwohl etwa Meran in Südtirol und andere Ort der Monarchie besser geeignet gewesen wären. Aber es sollte so weit weg wie möglich und außerhalb des Riesenreiches der Monarchie sein, damit der Kaiser nur unter größten politischen und organisatorischen Anstrengungen nachreisen konnte.

In den folgenden Jahren zogen Sisis Reiserouten eine Fluchtspur durch Europa und Nordafrika. Sie reiste oft anonym, als

Comtesse de Hohenembs, oder trug sich schlicht als *»C. Woog, aus Paris kommend«* im Hotel Wilder Mann in Passau ein. Ihre Post erhielt sie postlagernd an jene Häfen, von denen man gerüchteweise vermutete, dass sie dort anlegen würde. So gingen die Brief des Kaisers an *»Mrs. Elizabetha Nicholson-Chazalie«*.

Reiste sie als gekrönte Herrscherin, dann mit einem Gefolge von bis zu hundert Personen, mit Pferden und auch Kühen und Ziegen für die tägliche Frischmilch. Sie reiste ungern mit der eigenen bequemen Eisenbahn, aber voll Genuss oft bei scheußlichstem Wetter mit den kaiserlichen Yachten.

Triumphbögen, Bahnhofsstationen, Telegraphenämter und Stallungen wurden gebaut. Chöre und Musikkapellen studierten Begrüßungsmärsche ein, Schulkinder winkten und knicksten und überreichten Blumen. Die Untertanen schauten sensationsgierig, jubelten pflichtgemäß im Spalier und die Honoratioren waren feierlich ehrfürchtig.

Sisi liebte die pompösen Auftritte nicht, verweigerte sich oft dem Zeremoniell und wurde auch nicht erkannt. In Nizza wurde sie von einer alten Frau aus dem Haus gejagt und mit Prügeln bedroht. Als sie die Königin der Niederlande und Mutter Kaiser Wilhelms II. ohne Entourage aufsuchen wollte, wurde sie arretiert, bis der Hofmarschall sie aus dem Arrest holte. Bei allen Reisen lehnte sie Begleitschutz von Geheimdienstmännern ab.

Madeira

Um die Abreise zu beschleunigen, musste Franz Joseph die englische Königin Victoria um ein Dampfschiff ersuchen, das seine Frau standesgemäß und mit moderner Technologie nach Madeira bringen konnte. Während die königlich-britische Yacht durch die Biskaya-Stürme dampfte, waren die Besatzung und Begleitung inklusive der Ärzte schwer seekrank, währen die kränkelnde Kaiserin die stürmische See genoss.

Sisi verbrachte einen mehr als sechsmonatigen Winterurlaub 1860/1861 in der alten Quinta Vigia in Funchal. Von dort aus hatte sie eine überwältigende Aussicht über den Hafen und die Bucht. An der Stelle ist heute das »Casino Park Ressort«-Hotel.

Madeira war damals keineswegs eine touristische Attraktion. Graf Nobili, Kurier des Kaisers, schrieb: *»Die Stadt Funchal schmutzig, mit kleinen spitzen Steinen gepflastert, zum Flanieren ganz ungeeignet. Kaufläden ärmlich ausgestattet. Geselliger Umgang keiner.«*

Auf Madeira herrschen mediterrane Sitten in Bezug auf die Essgewohnheiten. Gefrühstückt wird üblicherweise nur Kaffee und *torrada,* gebuttertes geröstetes Brot, vielleicht auch ein *tosta de queijo,* ein Käsetoast. Das kam Sisis frugalen Essgewohnheiten sehr entgegen.

Das *almoço,* Mittagessen, wird gegen 12 Uhr eingenommen. Und das *jantar*, das Abendessen, meist erst gegen 21 Uhr. Was es an nationalen Gerichten so gibt, sind sie alle nicht Genüsse, die man unbedingt nachkochen muss. Dafür bietet Madeira bei den Likören und Weinen Produkte erster Güte.

Liköre und Madeirawein

Da gibt es etwa den *Ginja,* einen Kirschlikör, und den *Licor de Castanha,* einen Kastanien-Likör aus Esskastanien. Den *Maracujá* hält man für aphrodisierend.

Der *Poncha* ist das lokale Mischgetränk, das kalt oder warm getrunken wird. *Aguardente* (scharfes Wasser), der Zuckerrohrschnaps Madeiras, wird mit Zuckerrohrsirup und frischem Zitronensaft gut durchgeschüttelt und dann: in einem Zug runter damit, und das so oft wiederholen, wie es ein sensibles Gemüt aushält.

Poncha gilt als Nationalgetränk Madeiras. Aber außerhalb Madeiras ist das Nationalgetränk der Madeira-Wein. Und ohne diesen geht in der internationalen Küche nichts.

Obwohl die Insel Madeira zu Portugal gehört, ist einer der

markantesten Unterschiede zum Festland, dass der berühmte und erlesene Madeira-Wein kein Portwein ist.

Der Port wird seit dem 15. Jh. im Norden Portugals hergestellt. 200 Jahre später gelangte der Portwein nach England, als Ersatz für die wegen des Krieges ausbleibenden französischen Weine.

Der Madeira wird wie der Port hergestellt, aber jahrgangsrein, also nicht verschnitten wie der Port. Er ist heller in der Farbe, lagerfähig, aber reift nicht in der Flasche. Madeira aus einer geöffneten Flasche kann auch nach einem Jahr noch getrunken oder verkocht werden.

Das Verwenden in der feinen Küche ist es, was den Madeira so berühmt macht. Allein in diesem Kochbuch sind sechs Rezepte mit Madeira gewürzt, und das sind mit die Feinsten: Schildkröten-Suppe (Seite 14), Gänsestopfleber (Seite 148), Fasan mit Salat (Seite 16), Piccata Milanese (Seite 113) Madeiragelee (siehe unten), Madeirasauce (Seite 162).

Madeiragelee

½ l Bouillon, 6 Blätter Gelatine (oder ca. 30 g Trockenaspik-Pulver), ein Glas Madeira

Gelatineblätter in kaltem Wasser ca. 5 Minuten einweichen, abtropfen und in die warme, ganz klare und fettfreie Bouillon geben. Mit dem Madeira vermischen. Beim Abkühlen wird das Aspik fest. Es muss sich gut schneiden lassen, leicht zittern und von angenehmer Bernsteinfarbe sein.

Madeira-Gelee (oder Madeira-Aspik) kann als Beilage zu kalten Fisch- und Fleischspeisen gereicht werden und muss im Mund angenehm zergehen, wie ein Schluck feinste Bouillon, die vom festen in den flüssigen Aggregatszustand wechselt.

Gelegentlich wird Madeiragelee mit E 175 versetzt.

Was so gefährlich klingt, ist nichts anderes als reines Gold. Blattgold – als Lebensmittelfarbe E 175 – wurde als gesundheitsförderndes Nahrungsergänzungsmittel zur Herzstärkung und Blutreinigung verwendet. Jetzt dient es nur mehr zum dekorativen Vergolden von Speisen, zum Beispiel als kleine Blättchen im Gelee.

Madeirasauce

50 g Schalotten, 150 g Champignons, Petersilie, 1/8 l Rotwein, 1/16 l Madeira, 1 l Brauner Fond (Sauce Demiglace), Butter

Schalotten, Champignons und Petersilie fein hacken und zusammen mit dem Rotwein einkochen. Mit der Demiglace auffüllen, verkochen und passieren. Mit einem Glas Madeira abschmecken und mit Butterflocken aufmontieren.

Eine perfekte Ergänzung zu Eier- und Fleischgerichten und für Geflügelleber.

Spanien und die Balearen

Für einen Aufenthalt auf Mallorca verzichtete Elisabeth nicht ungern auf die gemeinsame Familienweihnacht und die Feier zu ihrem 55. Geburtstag in Wien. Franz Joseph telegrafierte ihr: *»Ich hoffe, daß der dicke Luigi für Dein Wohlergehen sorgt«.*

Der »dicke Luigi« war Sisis Cousin, Erzherzog von Österreich Ludwig Salvator, der sich auch Ludwig Graf Neudorf nannte, wenn er inkognito war, und der für die Mallorquiner als ungekrönter König von Mallorca galt. Er war Aussteiger, Seemann, Visionär, Pazifist, Wissenschaftler, Künstler, Querdenker, Behindertenvertreter, monarchistischer Kommunist, Naturparkgründer, Weinbauer, wissenschaftlicher Schriftsteller und Liebhaber.

Sein Liebesleben war extravagant und vielseitig. Er war nie verheiratet, mit wem auch, da er sich nicht wirklich entscheiden konnte zwischen den Geschlechtern. Graf Crenneville berichtet an den Hof, *»Seine k. u. k. Hoheit beehrte nur meine Frau mit Höchstseinem Besuche. Nicht unterlassen kann ich zu berichten, daß die aus zwei Damen, einem jungen Mädchen und einer jugendlichen Persönlichkeit, deren Geschlecht trotz männlicher Kleidung,* *zu Tage tretenden weiblichen Formen und wallendem Haupthaare nicht gut definirbar erschien, bestehende Reisegesellschaft Sr. k. u. k. Hoheit bei ihren Spaziergängen in der Stadt nicht unbedeutendes Aufsehen erregte«.*

Als Inhaber des »Kapitänspatentes der langen Fahrt« war sein Hauptwohnsitz die 50-Meter-Yacht »Nixe«, mit der er die Inselwelt der Balearen, der Ägäis, aber auch Australiens und Tasmaniens studierte. Für seinen Freund Jules Verne war er Vorbild für einen Romanhelden.

Sein Haus auf Mallorca wird heute von Michael Douglas und Catherina Zeta-Jones bewohnt. Errichtet hat der Archidux es für sich und eine Tischlerstochter, die seine Liebe und eine exzellente Ausbildung genoss und erfolgreiche Verwalterin seiner Weingüter wurde. Seine letzte wissenschaftliche Arbeit befasste sich mit einem Thema, an dem er lebenslang interessiert war: *»Zärtlichkeitsausdrücke und Koseworte in der friulanischen Sprache«.*

Der Erzherzog war bekannt wegen seines vernachlässigten Äußeren. Er trug ausgefranste Anzüge, mit Schnur festgehalten, und wurde gelegentlich für einen Schweinehirten, Matrosen, Koch oder Taglöhner gehalten. Am Wiener Hof war man pikiert über seine einzige Uniform, die mit den Jahren faltenreich und speckig aus allen Nähten platzte. Dazu meinte der Erzherzog nur gelassen: *»Lieber vielfältig als einfältig!«*

Wie Elisabeth mied er nach Möglichkeit offizielle Empfänge. Der Adelsspross Karl Hohenlohe erzählt eine schöne Geschichte von einem feierlichen Diner, bei dem man sich mit dem Erzherzog als Gast schmückte. Die Suppe wurde serviert, und der Habsburger tauchte den Löffel in die Suppe und befüllte damit die Taschen seines Mantels. Dann bedankte er sich freundlich, meinte, sein Mantel wäre nun satt und es habe seinem Mantel sehr gut geschmeckt, denn schließlich habe man nicht ihn zum Essen eingeladen, sondern seine äußere Hülle, und die sei sehr zufrieden und würde nun gehen. Darauf stand er auf, dankte und fuhr ab.

Das verlangt nach mallorquinischen Suppen-Rezepten.

Sopas Mallorquinas
Mallorquinische Gemüse-Brot-Suppe

Die *Sopas Mallorquinas* war früher ein typisches Arme-Leute-Essen, das in den Fincas als Frühstück und Abendessen auf den Tisch kam und heute als vegetarisches Gericht erfolgreich sein kann.

3–5 EL Olivenöl, 1 Bund Petersilie, 1 Knoblauchknolle, 1 Lauchstange, 1 Tomate, 1 Paprikaschote, 1 Zwiebel, 1 kleiner Kohlkopf, ½ Blumenkohl, 125 g grüne Bohnen, 125 g Zuckererbsen, etwas Mangold oder Spinat, Salz, Paprikapulver, Pfeffer, ein sehr dünn geschnittenes, altes Weizenbrot, 1 l Brühe

Paprika, Lauchstange, Zwiebel, Tomate und die ausgepressten Knoblauchzehen klein schneiden und anrösten. Danach den klein geschnittenen Kohl und die Bohnen hinzufügen und Suppenwürfel-Brühe dazugeben. Mit Salz, Pfeffer, Paprika und der klein gehackten Petersilie würzen, 15 Minuten köcheln lassen und dann den zerteilten Blumenkohl und die Erbsen zufügen. Etwa 10 Minuten bei geringer Hitze bissfest garen.

Reichlich Brotscheiben in eine Schüssel legen und die Suppe darüber gießen, bis das Brot die gesamte Flüssigkeit aufgesogen hat. 10 Minuten im Backofen ziehen lassen. Mit Salz und Öl abschmecken.

Sopa de ajo – Knoblauchsuppe

4 EL Olivenöl, 4 Weißbrotscheiben, 5–8 Knoblauchzehen, ¾ l Wasser oder Suppe, 2–3 Eier, Salz und Pfeffer

Knoblauch im Öl leicht bräunen, herausnehmen. Brot in Würfel schneiden und im Knoblauchöl goldgelb rösten, dann das heiße Wasser bzw. die Suppe zugießen, würzen und aufkochen lassen. Vor dem Servieren die Eier in die heiße Suppe schlagen. Wenn das Eiweiß fest genug ist, wird die Suppe mit frisch gehacktem Knoblauch bestreut.

Elisabeths Liebe zur Ägäis

»So oft ich Korfu erblicke, verfalle ich in eine Homer-Stimmung, welche andauert, solange das Schiff zwischen ionischen Inseln dahin fährt. In den Tagen der Jugend, die Odyssee studierend, machte ich mir dieselben Vorstellungen der ionischen Inseln, wie sie dann durch die Wirklichkeit bestätigt wurden. Grüne Eilande, umspült von lichtblauem Meere, unter tiefblauem Himmel.«

(*KRONPRINZ RUDOLF, EINE ORIENTREISE 1881*)

Die Insel Kerkyra ist 579 km² groß und hat 600 Kirchen und eine Villa, die man als das »Achilleion« kennt. Die Insel Kerkyra selbst kennt man als Korfu aus den Tourismusprospekten. Und wer als Tourist nach Korfu kommt, der besucht selten eine der Kirchen, aber dafür die Villa von Kaiserin Elisabeth.

Auf einem Hügel mit dem Blick zum Meer ließ sich Elisabeth 1891 auf einem 200.000 m² großen Grundstück für damals mehr als 2 Millionen Gulden (entspricht ca. 24 Millionen Euro) ihr Schloss errichten. Franz Joseph hatte ihr das Grundstück geschenkt und sie ließ die alte Villa Braila zwei Jahre lang im pompejischen Stil umbauen. Hier wollte sie sich in den 128 Räumen der Einsamkeit ergeben. Umgeben von einer für die immense Summe von 9 Millionen Goldfrancs für sie errichteten griechischen Tempelarchitektur, zwischen Nachbildungen antiker Denkmäler, klassischer Säulen und historisierender Wandgemälde und – wie der Kaiser fand – unbequemer Stühle.

Das spätere Korfu (*Korfiu* oder *Korfi* = Gipfel) ist nach der Nymphe *Kerkyra,* einer Geliebten des Gottes *Poseidon*, benannt. Ihr Sohn war der legendäre *Phaiakas,* der Ahnherr der *Phäaken,* eines sorglos lebenden, genussfreudigen, fleißigen Volkes der Antike, das aus Phönizien stammte. Sie hatten eine monogame Gesellschaftsordnung, in der die Frau dem Manne gleichgestellt war. Eine Grundhaltung, die auch der emanzipierten Einstellung Elisabeths entsprach.

»Die herrlichsten Gerichte verdanken wir dem Meere,
an das auch alle Bestandtheile der Tafel insofern erinnern,
als das Silber, Porzellan, Glas und Leinenzeug unter
der kaiserlichen Krone einen Delphin zeigte.
Dies gehörte zum Stile des Achilleion.«
(BERICHT DER GRÄFIN IRMA SZTÁRAY 1895)

Die korfiotische Küche ist keine raffinierte Küche. Aber immerhin schrieb Archestratus, der den Beinamen *»Isiodos et Theognis ton Opsofagon«* (der Gourmet) trug, um 300 v. Chr. in 300 Gedichten das erste Kochbuch der Welt. Es ist eine Küche, die den Diätansprüchen der Kaiserin sehr entgegenkam.

Es werden die ursprünglichen Produkte auf sehr simple Art zubereitet. Die Meeresfrüchte, die Geschenke Poseidons, werden gekocht, in Öl gebraten oder auf dem offenen Feuer gegrillt. Dazu das, was so wächst: Öl aus den Oliven, dem Geschenk der Athene, Gemüse, Getreide, Eier, Fleisch. Und Wein, etwa den roten Adami, den es nur auf Korfu gibt.

Fische und Schalentiere

Psária glósses tiganités – Gebratene Seezunge

Es ist eines der einfachsten und köstlichsten Fischgerichte.

8 Seezungenfilets (oder 4 ganze frische Seezungen), 2 Eier, Saft einer Zitrone, Mehl, Salz, Pfeffer, Olivenöl

Ganze Seezungen enthäuten. Dazu Salz auf beiden Seiten des Plattfisches auf das Schwanzende streuen und einreiben, bis sich die Haut löst, dann abziehen. Kopf und Flossen abschneiden. Den Fisch – oder die Filets – mit Zitronensaft säuern, salzen und pfeffern. Das Fett in einer Pfanne vorsichtig erhitzen.

Den Fisch in Mehl wälzen, die Eier mit etwas Wasser verquirlen und den Fisch durchziehen. Bei kleiner Hitze höchstens 10 Minuten braten.

Mit *Sáltsa mayonéza* (Mayonnaise) – wie es die Griechen essen – oder *Saláta maroúli* (Grünem Salat) servieren.

Psári Psitó – Gegrillter Fisch

4 Scheiben Thunfisch, Schwertfisch oder Lachs, Oregano, Salz, Pfeffer, Zitronensaft, Olivenöl, 1 rote Zwiebel, Petersilie

Die Fischsteaks mit einer Mischung aus Oregano, Salz und Pfeffer einreiben. Zitronensaft mit Olivenöl zur *Ladholémono,* einer Zitronensauce, verrühren und den Fisch auf beiden Seiten damit einstreichen. Eine Viertelstunde im Kühlschrank marinieren, danach gut abtropfen lassen.

Den Grillrost mit etwas Öl bestreichen und den Fisch über der Holzkohlenglut auf jeder Seite etwa 4–5 Minuten grillen. Dabei mehrmals mit der Öl-Zitronensaft-Mischung beträufeln.

Die rote Zwiebel in Ringe schneiden, mit der restlichen Öl-Zitronensaft-Mischung übergießen und mit fein gehackter Petersilie bestreuen.

Garídes – Kaisergranat oder Garnelen

Der Kaisergranat ist ein Krustentier aus der Familie der Taschenkrebse. Sie werden in Salzwasser gekocht oder auf dem Grill bzw. in der Pfanne gegart. Das ist es auch schon. Eine einfache Zubereitungsart, wie sie an allen Küsten vorkommt.

Das Appetit-Lexikon von 1894 schreibt dazu: *»Alle anderen Zubereitungsweisen sind ungehörige Künsteleien, da sie weder den Geschmack noch die Verdaulichkeit der Speise heben, sondern in der Regel verschlechtern.«*

Kalamarákia sto tigáni – Tintenfisch gebraten

1 kg Tintenfisch (Kalamare), 2 Tassen Öl, Salz, Pfeffer, Mehl, 2 Zitronen

Die Tintenfische waschen, in Ringe schneiden, salzen und abtropfen lassen. Mehl, Salz und Pfeffer mischen und die Fische damit gut einstauben. In heißem Öl schön goldgelb braten.

Mýdia nissiótika – Muscheln auf Inselart

1 kg Miesmuscheln, Olivenöl, 4 Knoblauchzehen, 2 EL fein gehackte Petersilie, 1 Glas Ouzo (Anisschnaps), Salz, Pfeffer

Die Muscheln gründlich waschen und in Öl andünsten. Knoblauch in Scheiben schneiden, gehackte Petersilie und Ouzo zufügen und zugedeckt etwa 10 Minuten garen. Salzen, pfeffern und die nach Anis duftenden Muscheln heiß servieren.

Mezedhes – Appetitanreger

Die griechische Küche kennt eine Vielzahl von Vorspeisen und nur wenige eher unbedeutende Suppen.

Skordhaliá – Knoblauchsauce

6 Knoblauchzehen, ½ kg gekochte Kartoffeln, 250 g Semmelbrösel, Olivenöl, 8 EL Essig, Salz

Die gekochten Kartoffeln durch die Presse drücken und den gepressten Knoblauch dazugeben. Die Masse in eine Schüssel geben, salzen und mit den Semmelbröseln vermischen. Langsam Öl und Essig abwechselnd unterrühren. Sollte die Masse zu fest sein, etwas Wasser dazurühren. Mindestens eine Stunde im Kühlschrank kalt stellen.

Schmeckt hervorragend zu gebratenem Fisch, aber auch mit einigen schwarzen Oliven als Vorspeise.

Tzatziki – Gurken-Jogurtsauce

½ kg Salatgurke, 2 Becher Jogurt, 1 Knoblauchzehe, 2 EL fein gehackte Minze, Olivenöl, Salz, schwarze Oliven, Petersilie

Die Gurke halbieren und das wässrige Kernstück entfernen. Fein würfelig schneiden. Mit dem Jogurt und der fein gehackten Knoblauchzehe durchmischen, mit der Minze und Salz abschmecken und mit Olivenöl verfeinern. Mit den schwarzen Oliven und der Petersilie garnieren.

Taramosaláta – Fischrogenpüree

Weißbrot, ½ Tasse Taramá (Fischrogen), 1 Tasse Öl, Saft von 1 Zitrone, 1 kleine Zwiebel

Das Weißbrot in Scheiben schneiden und in Wasser einweichen. Ausdrücken, im Mixer cremig pürieren und die fein gehackte Zwiebel hinzufügen. Den Fischrogen in kleinen Mengen unterrühren. Wenn die Masse gut vermischt ist, Öl und Zitronensaft nach und nach zugießen. Mindestens 2 Stunden im Kühlschrank kalt stellen.

Kréas – Fleisch

Sofrito – Kalbschnitzel

Der Ruf griechischer Fleischspeisen ist nicht nur schlecht, sondern zu Recht schlecht, wenn man die erbarmungslos hart und zäh gebratenen Fleischstücke aus griechischen Lokalen kennt.

Sofrito ist eine Spezialität aus Korfu und beweist, dass in der griechischen Küche auch Fleisch köstlich sein kann.

4 Scheiben Kalbfleisch, Mehl, Olivenöl, 4 Knoblauchzehen, 4 Schalotten, Petersilie, 2 Lorbeerblätter (oder 4 Salbeiblätter), 0,2 l trockener Weißwein, Salz und Pfeffer

Die ca. 2 cm dicken Fleischscheiben vorsichtig auf ca. 1 cm Stärke flach klopfen. Kurz in Mehl wenden und, sobald das Olivenöl heiß ist, die bemehlten Scheiben darin von beiden Seiten kurz und kräftig anbraten.

Die Schnitzel aus der Pfanne nehmen, die klein geschnittenen Schalotten und den Knoblauch kurz anschwitzen, den Bratensatz mit dem Weißwein ablöschen, Lorbeer oder Salbei zugeben, salzen und pfeffern und kurz aufkochen. Mit Zitronensaft abschmecken.

Dazu als Beilage Kräuterreis oder Weißbrot.

Kotópoulo me prásines eliés – Huhn in Oliven

Zwar sind die Oliven der Reichtum Griechenlands, aber sie werden entweder zu feinem Olivenöl gepresst oder als kleine *Meze* eingelegt zum Wein oder Ouzo gereicht.

Wie herrlich man mit Oliven kochen kann, beweist ein Rezept, das ich ganz einfach hellenisiert habe.

1 Huhn, 1 kg grüne Oliven, 1 kleine Zwiebel, Olivenöl, Salz, Pfeffer, 1 Glas Rotwein, Wasser

Das Huhn in seine Teile zerlegen. Öl in einem Topf erhitzen und die Hühnerteile anbräunen. Herausnehmen und die fein geschnittene Zwiebel darin andünsten. Das Fleisch zugeben, mit Rotwein ablöschen, die entkernten Oliven zugeben und mit Wasser aufgießen. Etwa eine halbe Stunde zugedeckt schmoren lassen.

Eine wunderbare Variation dazu ist, wenn man statt des Huhns Kaninchen verwendet. Aber dann heißt es *Kounéli me prásines eliés.*

*Arnáki kleftiko –
Klephten-Lamm in der Folie*

Nur wenige Wohlhabende lebten in Villen, die meisten Menschen hausten in armseligen Steinbauten in den kleinen Dörfern. Und es gab die Besitzlosen – die *Klephten* –, die hatten sich in dic Berge zurückgezogen. Hatten sie irgendwo ein Lamm gewildert, dann mussten sie es so zubereiten, dass nicht Gendarmen sie jagten oder andere Besitzlose es ihnen wegnahmen. Also bereiteten sie das Fleisch in Blätter gehüllt rauchfrei in Erdgruben zu. Darin garte das Fleisch, zugedeckt mit

Erde, über glimmendem Holz. Hier ein auf die Wohlstandsgesellschaft unserer Tage adaptiertes Rezept.

1 kg Lammfleisch, Salz, Pfeffer, Oregano, Olivenöl, Zitrone, 4 Kartoffeln, 4 Karotten, Knoblauch, Tomaten, Metaxa (Weinbrand), geriebener Kefalotiri, ein harter, sehr salziger Käse

Das Fleisch in ca. 3 cm große Würfel schneiden, mit Salz, Pfeffer und Oregano würzen. Zitronensaft mit Olivenöl glattrühren und darübergießen. Abgedeckt mindestens 1 Stunde im Kühlschrank marinieren, gelegentlich umrühren. Kartoffeln und Karotten kleinwürfelig schneiden und in Salzwasser garen. Abschütten und abtropfen lassen. Etwas Olivenöl in der Pfanne erhitzen, das Fleisch aus der Marinade nehmen und von allen Seiten scharf anrösten. Die Kartoffeln, Karotten und den halbierten Knoblauch dazugeben und mit einem Glas Metaxa flambieren. Die Marinade hinzufügen und kurz köcheln lassen. Mit Salz, Pfeffer und Oregano kräftig abschmecken.

Jede Portion auf ein Stück Alufolie legen, darauf 1–2 Tomatenscheiben, mit dem geriebenen Käse bestreuen, das Päckchen dicht verschließen und auf einem Blech im vorgeheizten Backofen ca. 30 Minuten garen.

Ein wunderbarer Duft verbreitet sich, wenn das Päckchen am Tisch geöffnet wird.

Souvlákia – Fleischspießchen

1 kg Lamm- oder Schweinefleisch oder Huhn, 2 Zitronen, Olivenöl, Petersilie, Salz, Pfeffer, Oregano, Thymian

Das Fleisch in kleine Würfel schneiden, mit einer Mischung aus Zitronensaft, Salz, Pfeffer, Thymian und Oregano würzen und ca. 4 Stunden marinieren. Auf Spieße stecken und kurz auf dem Grill oder in der Pfanne braten, sodass das Fleisch innen noch rosa bleibt.

Dazu Tzatziki servieren.

Moscharáki stifádo – Rindfleisch mit Zwiebeln

1½ kg Rindfleisch, 1 kg Schalotten oder kleine Zwiebeln, Olivenöl, Essig, 2–3 kleine Tomaten, frischer Rosmarin, 1 Lorbeerblatt, 2 Knoblauchzehen, Salz, Pfeffer

Das Fleisch in größere Würfel schneiden und in Olivenöl anrösten. Dann die kleinen Zwiebeln im Ganzen dazugeben und mitrösten. Mit Essig ablöschen und die gequetschten Tomaten, den geschnittenen Knoblauch, Rosmarin, Salz, Pfeffer, Lorbeer und so viel Wasser hinzufügen, bis alles bedeckt ist. Etwa 2 Stunden zugedeckt kochen lassen, bis die Sauce sämig ist.

Ein griechischer Standard ist das Pfannengericht *Pastítsio*, ein Makkaroni-Auflauf. Nun gibt es ja einen Gelehrtenstreit über die Herkunft der Teigwaren, die landläufig als Pasta bekannt sind. Die Italiener wissen, dass sie sie erfunden haben, die Kritiker sagen, dass sie ein Import aus Asien sind. Eines aber ist sicher: Der Ursprung des Wortes *pasta* ist griechisch.

Mousakás melizzánes – Mousaka mit Melanzani

Mousaka ist ein so griechisches Nationalgericht, dass es dafür nicht einmal eine Übersetzung gibt. Es ist ein Auflauf, der nicht Fleisch und nicht Gemüse ist, aber beides.

5 große Melanzani (Auberginen, Eierfrüchte), Salz, ½ kg Kartoffeln, 2 kleine Zwiebeln, ½ kg Faschiertes (Hackfleisch) vom Lamm oder Rind, Olivenöl, 1 Dose geschälte Tomaten, 1 EL Tomatenmark, 1 Glas Weißwein, Oregano, Pfeffer, Weißbrot, 150 g Fetakäse, Béchamelsauce

Die Melanzani in 1 cm dicke Scheiben schneiden, salzen und 15 Minuten Wasser ziehen lassen. Dann auf Küchenpapier abtrocknen. Kartoffeln schälen und in dünne Scheiben schneiden. Beides zusammen in Olivenöl goldbraun anrösten. Die Zwiebeln würfelig schneiden.

Olivenöl in einer Pfanne erhitzen, die Zwiebeln und das Fleisch anbraten und dabei kräftig durchrühren. Tomatenmark hinzufügen, durchrösten und die Tomaten ohne den Saft aus der Dose zugeben. Kurz garen und mit dem Weißwein ablöschen. Mit den Gewürzen abschmecken und ca. 15 Minuten köcheln lassen, bis die Flüssigkeit eingekocht ist.

Eine Auflaufform einölen und abwechselnd Auberginen, Kartoffeln und Fleisch schichten, den Käse und zum Schluss die Béchamelsauce darübergießen und ca. 45 Minuten im Backofen goldbraun backen.

Epidhórpia – Desserts

In Griechenland beendet man ein Essen nicht mit einer Süßspeise, sondern mit einem Kaffee auf »byzantinische Art«, in der Türkei heißt er »Türkischer« und in Griechenland »Griechischer«. Man sollte das nicht verwechseln.

Café byzantinische Art

Gekocht wird er immer auf dieselbe Art: Feinst gemahlener Kaffee mit Zucker und Wasser im Kupfer- oder Messingkännchen aufkochen, bis sich an der Oberfläche Schaum bildet. Er ist süß, schwarz, schaumbedeckt und sehr heiß. Damit der Kaffeestaub sich besser setzt, vor dem Eingießen in die Kaffeetasse einige Tropfen kaltes Wasser in das Kännchen geben.

Baklava

500 g fertiger Blätterteig (Fillo), 500 g grob gehackte Walnüsse, 100 g Semmelbrösel, 100 g Zucker, 1 TL Zimt, eine Prise Nelkenpulver, 250 g geschmolzene Butter

Für den Sirup: *300 g Zucker, 200 g Honig, 1 Stange Zimt, 5–6 Nelken, 0,4 l Wasser*

Nüsse, Zucker, Brösel, Zimt und Nelkenpulver mischen. Den *Fillo* in fünf Teile teilen und nebeneinander auflegen.

Eine gebutterte Form von ca. 30x20 cm Größe mit einem Teigteil auslegen, mit flüssiger Butter bestreichen und mit der

Hälfte der Nussmischung bestreuen. Die nächste Schicht Teig darüber, buttern und den Rest der Mischung darauf verteilen.

Die letzte Schicht besteht aus drei gebutterten Teigschichten. Die Oberfläche wieder mit Butter bestreichen. Den fertigen gefüllten Teig mit einem scharfen Messer in 5 x 5 cm große Quadrate oder Rauten schneiden. Mit etwas Wasser bespritzen und im vorgeheizten Ofen bei 180 Grad ca. 30 Minuten backen, bis die Oberschicht goldgelb ist.

Den Sirup aus Zucker, Honig, Zimt, Nelken und Wasser ca. 10 Minuten kochen. Den noch heißen Sirup über das gebackene Baklava gießen und mehrere Stunden gut durchziehen lassen.

Kumquat-Likör

Eine Spezialität von Korfu ist der Likör aus Kumquats. Das ist die kleinste Zitrusfrucht, die mit der Schale gegessen wird. Die Schale ist süß, dass Fruchtfleisch säuerlich, zusammen ein raffinierter Genuss.

250 g Kumquats, 200 g Kandiszucker, ¼ l Wasser, ¼ l Wodka, ½ l 90 %-iger Weingeist, 1 Zimtstange, 2 Nelken

Die gewaschenen Früchte rundherum mit der Gabel einstechen und in ein Glasgefäß füllen. Zucker mit dem Wasser einkochen, bis er sich aufgelöst hat. Die Kumquats mit der abgekühlten Zuckerlösung übergießen, Wodka und Weingeist dazugeben und alles durchschwenken. Den Likör zwei Monate ziehen lassen, dann abseihen und in Flaschen abgießen. Einige frische Kumquatscheiben zur Dekoration und leichteren Identifizierung in die Flasche geben.

Sisi war so fasziniert von Griechenland, dass sie zu den Sprachen, die sie schon sprach – Deutsch, Englisch, Französisch, Tschechisch, Ungarisch – auch noch Griechisch lernte und es gerne und überall auf ihren Reisen benutzte. Sie hatte dazu Lehrer und Vorleser, die aber der Kaiser keineswegs schätzte. Er nannte den einen *»den schreienden Griechen«*, einen anderen *»den Buckligen«* oder den *»Großhaxeten«* oder den *»Parfümierten«*.

Aber die Melodie und der fremde und gleichzeitig vertraute Klang des Griechischen erlauben, einen kleinen Vokabelvorrat anzulegen.

Bedeutend in der griechischen Landschaft und der Küche sind die Gewürze und Kräuter, nach denen die heiße, steinige Erde und die Gerichte duften. Man sollte ihre Namen zu Buzukiklängen singen:

Righani (Oregano)
Thymári (Thymian)
Dendhrolivano (Rosmarin)
Glikánisso (Anis)
Bassilokós (Basilikum)
Dáfni oder Vaío (Lorbeer)
Kàpari (Kapern)
Kýmino (Kümmel)
Kokinopipero (Paprika)
Sélino (Sellerie)
Garifalo (Gewürznelken)
Máratho (Fenchel)
Skórdho (Knoblauch)
Thiósmos (Minze)
Moskhokárido (Muskat)
Kremidhi (Zwiebel)

Kali Orexi bzw. Guten Appetit!

»Sisi ißt sehr viel Fleisch, trinkt viel Bier, ist von der gleichmäßigsten Lustigkeit, hustet wenig, besonders seit die, wie Helene findet, enorme Hitze wieder angefangen hat, und sie machen schöne Partien zu Wasser und zu Lande.«

(*BERICHT VOM 10. 8. 1861 AN KÖNIGIN MARIE VON SACHSEN ÜBER DEN BESUCH VON SISIS SCHWESTER IN KORFU*)

Elisabeths Tod

»Ich hab' geliebt, ich hab' gelebt,
ich hab die Welt durchzogen;
Doch nie erreicht, was ich erstrebt.
Ich hab' und ward betrogen!
(*AUS ELISABETH »NORDSEE LIEDER«*)

Ab 1893 reiste Elisabeth mehrmals in die Schweiz. Sie war mit den Rothschilds befreundet. In einer Zeit des aggressiven Antisemitismus wurde das durchaus politisch gesehen. Es war eine familiär-freundschaftliche Beziehung. Die Stimmung im Hause der Rothschilds war so angenehm, dass Elisabeth mit großem Vergnügen dort aß. Und sie hatte ihr Vermögen bei den Rothschilds platziert. Sie hat den größten Teil ihrer Apanage und Nadelgelder fruchtbringend angelegt. Für die Extravaganzen und Reisekosten musste der Kaiser aufkommen. Zu zehn Millionen Barvermögen, heutiger Gegenwert fast 100 Millionen Euro, kamen Wertpapiere, wie die Tochter Valerie schrieb, ein *»erschreckend großes Barvermögen«*.

Auch ihren literarischen Nachlass und ihr Testament deponierte sie in der Schweiz, denn sie hatte kein Vertrauen in den Bestand der Monarchie.

Im September 1898 wurde Kaiserin Elisabeth am Genfer See unter dem Namen Gräfin von Hohenembs von dem italienischen Anarchisten Luigi Luccheni erstochen. Er wollte den französischen Prinzen von Orléans als Signal für die Freiheit töten, aber der war bereits abgereist. Um König Umberto von Italien zu ermorden, fehlte ihm das Reisegeld. Also ermordete er ersatzweise Kaiserin Elisabeth. Er wollte einen Aristokraten umbringen, denn er hasste alle Aristokraten und er tat es genau nach dem Rezept des Terrorismus: die Prominenz des Opfers sorgt für Publizität.

Elisabeth war quasi anonym unter einem ihrer Adelstitel, als Gräfin von Hohenembs, im Genfer Hotel »Beau Rivage« abgestiegen. Dass es die Kaiserin ist, erfuhr der Attentäter aus der Zeitung. Wie sich ihr Tagesablauf abspielte, beobachtete er, wohin er stechen musste, hatte er sich im anatomischen Atlas angesehen. Auf dem Weg zur Anlegestation des Linienschiffes rammte er der Kaiserin eine zugespitzte Feile zwischen die Rippen und traf das Herz. Das enge Mieder dürfte aber einen sofortigen Tod verhindert haben, denn die Kaiserin ging noch bis auf das Schiff, wo sie zusammenbrach.

Sie verstarb am Nachmittag des 10. September 1898 um 2 Uhr 40. Ihrem Wunsch, in Korfu begraben zu werden, oder *»wenn ich einmal sterben muß, so legt mich an das Meer«*, wurde nicht entsprochen.

Elisabeths sterbliche Überreste wurden im kaiserlichen Salonwagen nach Wien überführt. Von dem nach ihr benannten Kaiserin-Elisabeth-Westbahnhof führte der Trauerzug in kaiserlichem Pomp über die Mariahilferstraße zur Hofburg, wo Elisabeth in der Burgkapelle im geschlossenen Sarg aufgebahrt wurde.

Am 17. September fand das feierliche Begräbnis in der Kapuzinergruft statt. Anschließend gab es für die Gäste als Teil des *Ceremoniells* ein Déjeuner als offiziellen Leichenschmaus.

Menü des Dejeuner anlässlich der Leichenfeier von Kaiserin Elisabeth am 17. 9. 1898

Potage à la parisienne

Filet de boeuf à la béarnaise

Faisans à la choucroute et aux riz

Tortelettes aux pèches

Dessert

Potage à la parisienne – Lauchsuppe mit Nudeln

300g Lauch, 40g Butter, 2 EL Mehl, Bouillon, 1 Eigelb, 0,1 l Obers (Sahne), Salz, Pfeffer, Muskat, Suppennudeln

Den Lauch klein schneiden und mit Butter andünsten. Mit Mehl stauben und mit der klaren Bouillon aufgießen. Mit Salz, Pfeffer und Muskat würzen. Etwa eine halbe Stunde kochen lassen, mit Sahne und Eigelb binden und nicht mehr kochen. Bei der Lauchsuppe *à la parisienne* werden feine Fadennudeln als Einlage gegeben.

Filet de boeuf à la béarnaise – Rindsfilet mit Estragonsauce

2 kg Rinderfilet, 50g Butterschmalz, Pfeffer, Salz, 1 Karotte, 1 Knoblauchzehe, ½ Bund Petersilie, 1 Salbeizweig, 1 Rosmarinzweig, ½ l Rotwein, 2 EL Weinessig, 2 EL Zitronensaft, Senf, 1 Lorbeerblatt, 1 Nelke, Pfeffer

Das Filet de boeuf am besten wie ein Chateaubriand zubereiten. Namensgeber ist der französische Schriftsteller François de Chateaubriand (1768–1848), der total verarmte, weil er ein luxuriöses Leben mit großen Gastmählern führte. 1822 feierte er ein Fest mit vielen adeligen Gästen. Sein Koch bereitete dieses ganz besondere, zarte Rinderfilet mit einer unwiderstehlichen Rotweinsauce zu. Das *Filet Chateaubriand*, meist mit einer umfangreichen Gemüsegarnitur, ist heute aus der internationalen Küche nicht mehr wegzudenken.

Für die Marinade die Karotte und die Knoblauchzehe klein schneiden, Petersilie und Salbei abzupfen, die übrigen Zutaten hinzufügen und mit den Gewürzen vermischen. Das Fleisch in einen Topf geben und mit der Marinade übergießen. Ca. 3 Stunden marinieren und gelegentlich wenden.

Das Fleisch aus der Marinade nehmen und diese durch ein Sieb gießen. Das Fett in einem Bräter erhitzen und das Fleisch rundherum scharf anbraten, mit der Marinade etwas ablöschen und im Backofen bei 180 Grad circa 20 Minuten weiter braten. Das Fleisch ruhen lassen, mit Pfeffer und Salz würzen und in schräge Tranchen anschneiden. Es muss innen noch rosa sein.

Sauce béarnaise

4 Schalotten, Estragon, 1 kleines Glas Weißwein, 2–3 EL Estragonessig, 100 g Butter, 3 Eigelb, etwas Zitronensaft, Salz, Cayennepfeffer

Die Schalotten fein hacken und mit Weißwein und Estragonessig aufkochen, bis die Flüssigkeit etwa auf die Hälfte eingedampft ist. Durchseihen.

In einem Topf die Eigelb mit Salz und Pfeffer verquirlen und im Wasserbad, unter ständigem Schlagen mit dem Schneebesen, flöckchenweise die Butter und nach und nach auch den ausgekühlten Zwiebel-Weinessig hinzugeben. Zum Schluss die Cremesauce noch mit etwas Zitronensaft und einer Prise Cayennepfeffer abschmecken.

Die *Sauce Béarnaise* stammt nicht, wie der Name vermuten ließe, aus der Schweizer Stadt Bern oder aus der französischen Region Béarn rund um die Stadt Pau, sondern wurde um 1830 vom Restaurantchef *Collinet* in Paris erfunden, der die Sauce nach seiner Heimat nannte.

Faisans à la choucroute et aux riz – Fasan auf Sauerkraut mit Reis

Den Fasan wie im Rezept Seite 16 zubereiten.

Für das Sauerkraut: *1 kg Sauerkraut, Schmalz, 200 g Räucherspeck, 1 Zwiebel, Salz, 1 TL Zucker, Wacholderbeeren, Kümmel, ½ l Weißwein*

Das Sauerkraut mit so viel Weißwein aufsetzen, dass es bedeckt ist. Als Wein ist am besten ein Riesling oder Veltliner geeignet. Nichts ist zu gut für das Sauerkraut.

Kümmel und Wacholderbeeren und etwas Zucker zur Geschmacksentfaltung zugeben und mit Salz abschmecken. Langsam ca. 30 Minuten nicht zu weich dünsten. Dann mit dem restlichen Wein aufgießen.

Klein gewürfelten Speck in Schmalz ausbraten und darin die klein geschnittene Zwiebel glasig werden lassen. Über das Sauerkraut geben und durchmischen.

Tortelettes aux pèches – Pfirsichtörtchen

150 g Weizenmehl, 75 g Butter, 2 EL Zucker, 1 Eigelb, 1 kg Pfirsiche, 2 EL Weiße Couverture-Schokolade, gehackte Pistazien, Gelatine

Aus Mehl, der weichen Butter, Zucker und Eigelb einen festen Mürbteig kneten. Den Teig in Alufolie wickeln und 30 Minuten kalt stellen.

Pfirsiche mit kochendem Wasser überbrühen und die Haut ablösen, halbieren und von den Kernen lösen. Die Pfirsichhälften in etwas gezuckertem Wasser etwa 5 Minuten blanchieren.

Aus dem Pfirsichwasser einen feinen Geleeguss bereiten.

Tortelettenformen mit dem Mürbteig auslegen und bei 200 Grad ca. 10 Minuten golden backen.

Die Couverture im Wasserbad erwärmen und die ausgekühlten Tortelettes damit dünn ausgießen, damit der Saft der Früchte den Teig nicht durchweicht. Erkalten lassen. Die Pfirsichhälften in die Förmchen legen, mit gehackten Pistazien bestreuen und dünn mit dem Gelee überziehen.

Dessert

Als Dessert wurde meist Eis oder Bonbons gereicht.

Seltsamerweise, aber auch wieder verständlich, galt das Mitgefühl der Menschen vor allem dem Kaiser, dem alten Mann in der Hofburg, dem wieder einmal nichts erspart blieb. *»Wie kann man eine Frau ermorden, die keinem je etwas zu Leide getan hat«*, wie der Kaiser es ausdrückte. Erich Graf Kielmannsegg vermerkte nüchtern: *»Es wurden ihr nur wenige Tränen nachgeweint.«*

Aber mit ihrem gewalttätigen Tod beginnt Elisabeths Unsterblichkeit, der Mythos Sisi, der sich aber mehr an der Film-Beauty, der Frisur, dem Schmuck, der unglücklichen Flüchtenden, der Tragik ihrer Ehe und dem Tod ihrer Kinder orientiert als an der emanzipierten Frau und Politikerin. Wie es der deutsche Kaiser formulierte:

»Sie ist eine der politisch am klarsten und objectivsten denkenden Fürstinnen des Jahrhunderts.«

(*KAISER WILHELM II., 21. 11. 1890*)

Glossar

Österreichisch / Deutsch

Bauchfleisch Wammerl
Beiried Rostbraten, Lendenstück
Beuschel Lunge
Bouillon Brühe
Dampfl Vorteig, Hefestück
Eidotter Eigelb
Einbrenn Mehlschwitze
Erdäpfel Kartoffeln
Faschiertes Gehacktes
Fisolen grüne Schnittbohnen
Gelbe Rüben, Karotten Möhren gelb oder orange
Germ Hefe
Grammeln Grieben
Karfiol Blumenkohl
Kohlsprossen Rosenkohl
Kren Meerrettich
Lungenbraten Filet
Marillen Aprikosen
Maroni Esskastanien
Neugewürz Piment, Jamaikapfeffer
Obers, Rahm Sahne (25–29 %), Crème double (43 %)
Topfen Quark
Ribisel Johannisbeere
Rote Rüben Rote Bete
Sardellen Anchovis
Sauce Soße, Tunke
Sauerrahm Saure Sahne (10–15 % Ft), Crème légère (15%), Crème fraîche (30–40%)
Schlagobers Schlagrahm (30–35 %), geschlagene Sahne
Schlegel, *unterer Teil:* Kalbsnuss, *weitere Teile:* Natur-/Kaiserteil Keule, Schinken, Hüfte
Schopfbraten Schweinenacken
Schweinshaxl Fuß (bayr.), Pfoten, Spitzbein
Semmeln Brötchen
Topfen Quark
Vogerlsalat Rapunzel, Feldsalat
Weingeist Reiner Alkohol

Literatur

EVA BAKOS, *Mehlspeisen aus Österreich;* 1994 Ueberreuter

JOSEF CACHÉE, *Die Hofküche des Kaisers,* 1985

ERIKA CASPAREK-TÜRKKAN, *Küchen-Lexikon für Feinschmecker;* 1989 Heyne

Harry's Bar Kochbuch, 1991 Heyne München

KARL DUCH, *Handlexikon der Kochkunst,* 1961 Trauner Verlag Linz

ANIKÓ GERGELY, *Ungarische Spezialitäten,* 1999 Könemann

ROBERT HABS UND LEOPOLD ROSNER (HG.), *Appetit-Lexikon.* Ein alphabetisches Hand- und Nachschlagebuch über alle Speisen und Getränke. Zugleich Ergänzung eines jeden Kochbuchs, 1894 Repr. München 1977

Die besten traditionellen Rezepte der Griechischen Küche, o. J. Athen

BRIGITTE HAMANN, *Elisabeth – Kaiserin wider Willen,* 1981, 2004 Piper, München

BRIGITTE HAMANN, *Elisabeth, Bilder einer Kaiserin,* 1986 Amalthea

FRIEDRICH JOSEF HAMPEL, Hofkoch in der k. u. k. Hofmundküche, *Hand- und Receptbuch für die Thee- und Mehlspeisküche.* Mit Berücksichtigung eines handschriftlichen Nachlasses des k. u. k Hofkoches A. Radelmacher, 1896 Wien, Pest, Leipzig

INGRID HASLINGER, *Küche und Tafelkultur am kaiserlichen Hofe zu Wien,* 1993 Bern

GERHARD HERM, *Glanz und Niedergang des Hauses Habsburg;* 1991 Econ

EVA HORN, *Bayern tafelt,* 1980 Prestel-Verlag München

GÜNTHER JONTES, *Kayserfleisch und Steirerkas,* 1998 Steirische Verlagsanstalt

Nationalgerichte aus Ungarn, 1959 Corvina

Das Zeitalter Kaiser Franz Josephs, 2. Teil 1880–1916, 1987 Schloß Grafenegg, 2 Bände

ERIKA MAYR-OEHRING (HG.), *Tischgesellschaften,* 2003 Katalog Residenz Salzburg

FRANZ MAIER-BRUCK, *Das Große Sacher Kochbuch,* 1975 Herrsching

ANNA NIEDERLEUTHNER, *Speisen mit Kaiserin Sissi,* SüdOst-Verlag Passau 1996

MARGARET PHOKA, *Die besten Griechischen Gerichte,* 1981 Athen

G. PRASCHL-BICHLER, J. CACHÉE, *von dem müden Haupte nehm' die Krone ich herab',* Amalthea

Kaiserliche Mehlspeisen, 2004 Amalthea

KATHARINA PRATO EDLE VON SCHEIGER, *Die Süddeutsche Küche,* 1858, Graz, 76. Aufl. 1928

BARBARA RIAS-BUCHER, *Der Bayerische Küchenkalender,* o. J. Südwest Verlag

MANFRED FLICKINGER, *Die österreichische Backstube nach Rokitansky,* 2004 A&M

JULIUS ROTTENHÖFER, *Neue vollständige theoretisch-praktische Anweisungen in der feinern Kochkunst mit besonderer Berücksichtigung der herrschaftlichen und bürgerlichen Küche von J. Rottenhöfer, Königl. Haushofmeister und vorher erstem Mundkoche weil. Sr. Maj. des Königs Maximilian II. von Bayern,* 1866

FRANZ RUHM, *Kochbuch für alle,* o. J. Ruhm-Verlag

OLGA SIKLÓS UND PÁL MAGYAR, *Ungarische Küche für jedermann,* 1974 Corvina Verlag

GERHARD TÖTSCHINGER, *Wünschen zu speisen?,* Amalthea

CHRISTOPH WAGNER, *Das Lexikon der Wiener Küche,* 1996 Deuticke

JOSEPH WECHSBERG, *Die Küche im Wiener Kaiserreich,* 1971 Time Life

Auf Reisen mit Sisi, Pichler

Schweinefleischküche, o. J. AMA Agrarmarkt Austria

http://members.chello.at/heinz.pohl/

http://schnaps-kompass.de/schnaps_index.htm

http://www.sisi-net.de/

Index der Rezepte

Suppen und Eintöpfe

Vorspeisen und Kleine Gerichte

Fisch etc.

Geflügel

Fleisch

Wild

Gemüse

Beilagen

Saucen

Mehlspeisen

Backen und Desserts

Eis

Getränke

Menüs